이기는 투자자의 생각법

이기는 투자자의 생각법

피어슨(김재욱) 지음

HOW WINNING INVESTORS THINK

경이로움

프롤로그

사람마다 관심사가 다르다는 건 자연스러운 일이다. 그렇지만 현대
사회에서 개인이 갖춰야 할 중요한 역량 중 하나를 꼽으라면 역시 '돈
과 투자에 대한 이해'다. 특히 주요 수입이 월급뿐인 사람이라면 시간
의 문제일 뿐 '잃지 않는 투자'를 시작하지 않으면 언젠가 경제적으로
힘든 시기에 부닥칠 수밖에 없다. 이러한 과정에서 투자에 관심이 있
고 이를 평생 취미로 삼을 수 있다면 더할 나위 없겠지만 안타깝게도
개인의 성향에 따라 투자는 되려 스트레스의 원인이 되기도 한다.

　이 책은 투자를 부담스러워하거나 성향에 맞지 않은 사람이더라
도 일평생 한두 번은 찾아올 호황기에 손실 없이 투자하고 그 수익
으로 경제적 자유를 누릴 수 있도록 필자가 실용적이고 성공 가능성
높은 가이드라인을 제시하고자 집필하였다. 언제 다시 만날 지 모

를 이 자산 가격 상승기에 달콤한 과실을 취하고 손해를 보기 전에 빠르게 빠져나갈 방법을 안다면 이를 따르는 게 맞지 않을까? 최소한 잃지 않는 투자만 할 수 있어도 좋은 접근법이 될 수 있다.

물론 바쁘디바쁜 지금을 살아가야 하는 우리이기에 오직 일과 투자에만 모든 관심을 쏟을 수는 없다. 필자 역시 지금은 취미 활동을 하듯 투자에 접근하고 있고 이 책의 내용 또한 '사람들이 평생 잃지 않는 투자를 취미처럼 할 수 있게' 돕는 데 초점이 맞춰져 있다.

'나는 투자 같은 거 잘 모르기도 하고, 무섭기도 하니 평생 그런 건 모르고 살겠다'라고 생각하는 사람이라면 이 책의 〈4장 금리와 환율이 투자 타이밍을 정한다〉까지만이라도 읽어주길 부탁한다. 그럼 적어도 좋은 기회를 놓칠 일은 없을 것이다. 반면 투자를 취미 삼아 평생 즐기고 싶은 사람이라면 이 책을 여러 번 정독하길 바란다. 읽을 때마다 새로운 통찰을 얻을 수 있을 것이다. 특히 투자한답시고 나름대로 관련 책도 많이 읽고 유튜브 영상도 섭렵했음에도 왜 본인만 사면 자산 가치가 떨어지는지 몹시 궁금했던 사람이라면 이 책 속에 있는 메커니즘을 이해하고 외우길 추천한다.

자산 가격 상승기에는 어떤 허접한 부동산과 주식을 사도 온갖 호재로 포장되어 '떡상'한다. 반면 자산 가격 하락기에는 어떤 명품 부동산과 주식을 사도 온갖 악재가 덕지덕지 붙어 '떡락'한다. 여기까지는 다들 아는 내용일 듯하다. 그러면 여기서 한발 더 나아가 보자. '자산 가격이 상승하는 초기 혹은 중기에 눈 딱 감고 주식이든 부동산이든 뭐든 사놓고 잊고 살다 자산 가격 상승이 피크일 때 무조건 팔아버리면 된다'라는 명제를 성립할 수 있을 것이다.

이처럼 이 책은 이러한 고민을 뼈저리게 했거나 하는 사람들을 위한 지침서가 될 것이다. 그리고 투자하면서 겪은 상승기와 하락기의 경험들은 그대로 본인만의 온전한 지식 재산권IP, Intellectual Property이 되어 적어도 가족에게는 전승될 수 있게 유도될 것이다. 그리고 투자의 끝에는 모든 수단을 통틀어 현금 흐름을 만들어 내는 방법을 섭렵해 버무릴 수 있어야 한다. 그 속에 자기의 삶이 자연스레 녹아 들어간다면 뜻밖의 즐거움과 인연이 더해져 인생 자체를 더욱더 풍성하게 만들어 줄 것이다.

그럼, 지금부터 어떤 관점으로 투자 타이밍을 찾아야 하는지 그리고 어떤 상황에서든 최악의 경우를 대비하는 자세가 투자라는 전쟁터에서 어떻게 살아남을 수 있게 하는지 등 필자가 생각하는 백전백승 투자관을 하나씩 공개하겠다.

추신. 마지막으로 이 책은 전적으로 월급쟁이가 본업인 사람이 그동안 투자하며 겪은 주관적인 이야기를 모았음을 고려하며 읽으면 더욱더 객관적인 투자 시각을 가질 수 있음을 말씀드린다.

피어슨

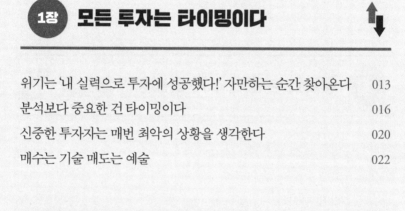

1장 모든 투자는 타이밍이다

2장 화폐를 이해하자

3장 대출을 지렛대로 활용하자

 4장 금리와 환율이 투자 타이밍을 정한다

 5장 실전 부동산 투자 해보기

6장   삶에 투자를 녹이자

7장   트럼프 시대 속 투자자의 생각법

·

**HOW WINNING
INVESTORS
THINK**

·

1장

모든 투자는 타이밍이다

TIMING

위기는 '내 실력으로 투자에 성공했다!' 자만하는 순간 찾아온다

2015년 전후로 서울 수도권 부동산 가격 상승이 시작되었고, 2020년 코로나19 팬데믹 시기에는 코스피까지 상승하기 시작했다. 지금 와서 돌이켜보면 시중에 명확히 돈을 많이 풀어 돈 가치가 떨어졌기에 나타난 현상이었음을 알 수 있다.

이런 호황기에 좋은 실적을 올린 투자자들, 특히 불황을 겪어보지 않은 이들은 자신의 투자 실력을 과신하는 경향이 있다. 그러나 2022년 미국의 기준금리가 급등하며 자산 가격이 하락하는 상황을 처음 맞닥뜨린 투자자라면 아주 큰 좌절감을 느껴보았을 듯하다.

필자 역시 2004년 첫 주택 매입을 시작으로 지금까지 부동산 투자를 지속하고 있지만 2012년 수도권 아파트 역전세 사태로 심각한 타격을 입은 바 있다. 2008년 세계 금융 위기를 무사히 넘겨 의기양양한 상태였기에 이 역전세 경험은 필자의 투자 인생에서 가장 큰 시련이자 교훈으로 남았다.

이후 필자는 항상 최악의 상황을 대비하며 투자하고 항상 현금을 일정 부분 필수로 보유하는 룰을 만들어 지금까지 실천하고 있다. 이런 일련의 사건을 겪으며 필자는 '자산 가격의 상승과 하락' '주택 공급과 수요(심리)' 등은 개인이 좌지우지할 수 없고, 현재 경제 환경에 크게 영향을 받을 수밖에 없는 투자 타이밍 역시 개인이 만들어 주도할 수 없음을 뼈아프게 느꼈다.

이렇게 글로 읽으면 "뭐야, 당연한 말을 길게도 써놨네" 하는 독자도 있을 듯하다. 그러나 줄곧 상승장만 경험해 기고만장해진 투자자라면 본인이 지역 호재와 향후 발전 방향을 주도면밀하게 분석한 덕분에 투자에 성공했다고 자신할 가능성이 높다.

하지만 2022년 이후 시작된 자산 가격 조정기를 겪으며 '그동안 나는 내가 아직 많이 모른다는 걸 몰랐구나' 하고 성찰한 사람이라면 앞으로 투자 시장에서 살아남을 가능성이 높은 투자자가 되리라고 자신한다.

필자가 투자하며 가장 간과했던 부분은 개인의 투자 실력과 지역별 호재는 눈에 명확하게 들어오기에 자만하기 쉽지만 이는 부동산 가격이 상승할 때 왜 상승하는지 설명할 수 있는 재료로 기능할 뿐 투자 타이밍을 잴 때는 아무 쓸모가 없다는 점이었다. 게다가 똑같은 지역 호재가 부동산 가격이 하락할 때는 왜 하락하는지에 관해서도 설명할 수 있는 근거로 쓰임을 확인했을 땐 씁쓸하기 짝이 없었다.

2012년 롯데월드타워 공사 때를 예로 들어보겠다. 당시 주택담보대출 연체율이 높아져 사회적으로 하우스 푸어 문제가 대두되기도 했고, 석촌호수 물 빠짐의 주범으로 이 건물이 지목되어 그때만 해도 사람들에게 좋지 못한 인상을 남겼었다. 그러나 2015년 부동산이 활황기에 들어서자 2017년 개장한 롯데월드타워는 잠실의 랜드마크이자 서울 동남권 발전의 상징으로 자리 잡았고 인근 아파트 가격 상승에도 한몫했다는 평가를 받았다. 같은 건물이 시장 상황에 따라 정반대로 해석된 것이다.

여기서 필자가 느낀 점은 지역 호재 중심의 투자 방법이 자산 가격 하락 타이밍과 만나는 건 시간문제일 뿐 결국 폭망할 수밖에 없다는 것이었다. 그럼 독자들은 절로 이런 생각이 들 듯하다. '그러면 대체 뭘 보고 투자 타이밍을 잡으라는 거야?!' 자, 지금부터 필자의 생각을 들려주겠다.

분석보다 중요한 건
타이밍이다

목차에서 언급했듯 이 책에서는 자산 가격이 상승과 하락을 반복하는 사이클 속에서 적절한 투자 타이밍을 잡기 위한 주요 요인으로 환율을 제시하고 있다. 모름지기 투자자라면 '환율'과 '금리'를 제대로 보고 파악할 줄 알아야 한다.

하지만 환율과 금리가 상승하고 하락하는 원인과 이유를 마치 정해진 공식처럼 외운다면 다양한 경제 환경 변화에 효과적으로 대응하기 어렵다. 다소 복잡한 신용화폐의 메커니즘을 이해해야 맥락을 알고 파고들어 응용할 수 있다. 이렇듯 까다롭지만 굉장히 중요한 신용화폐 메커니즘은 다른 장(4장 금리와 환율이 투자 타이밍을 정한다)에서 자세하게 서술할 예정이니 지금은 타이밍에 따른 투자가 어떤 결과를 만드는지 필자의 경험을 통해 공유해볼까 한다.

필자는 2007년부터 열심히 지역 분석 후 수도권에서 월세를 받을 수 있는 저렴한 아파트 위주로 투자 세팅을 시작했다. 물론 가진 돈이 많지 않았기에 초기 투자 비용을 최소화한 결과물이었지만 나름의 원칙이 있었다. 바로 불확실한 시세 차익을 기대하기보다는 현재 충실한 현금 흐름(월세)이 시중금리보다 높아야 한다는 룰을 만들었고 이를 지키며 투자했다. 결과적으로 지인들에게는 남들은 듣지도 보기도 어려운 수도권 외곽지 소형 아파트를 혼자 덕질하며 모으는 오타쿠 취급을 받기도 했다.

그런데 2008년 9월 미국의 국제 금융 회사 리먼 브라더스 홀딩스 주식회사가 파산하는 사상 초유의 사태가 일어났고 하루아침에 부동산 시장이 180도 바뀌는 걸 목격하게 되었다. 불과 몇 달 전만 해도 청라 아파트 청약을 위해 끝없는 줄을 섰던 사람들이 사라졌고, 잠실 재건축 아파트의 전세가와 매매가가 각각 3억 원대와 6억 원대로 떨어졌던 것으로 기억한다.

시간이 흐른 지금에 와서 생각해보면 그 당시 잠실 엘리트(잠실엘스, 리센츠, 트리지움) 아파트를 매수했어야 했다. 하지만 필자를 포함한 대부분 사람이 이를 엄두도 내지 못했다. 손실 회피 성향으로 인해 수요 심리가 급격히 위축된 것이다. 당시 대출이나 전세를 활용한 레버리지 투자로 여러 채의 주택을 보유했던 많은 투자자가 현금 흐름 부족으로 한순간에 투자판에서 쓸려나갔다.

　필자는 어땠을까? 지인들에게 자랑하지도 못했던 수도권 외곽지 아파트들이 필수재 역할을 훌륭히 수행해 오히려 임차 수요가 늘었고 이는 지속적인 현금 흐름을 가져다주었다. 눈앞의 현금 흐름에 주력한 결과 단기적인 시세 차익은 없었지만 위기 속에서 매우 안정적인 포트폴리오를 갖추고 있었던 셈이었다. 이 자산들은 필자가 2008년 세계 금융 위기를 견뎌낼 수 있게 했고 2015년 이후 도래한 자산 가격 상승기에 최소 두 배 이상의 가치 증가를 보여줬으니 이 정도면 성공적인 투자라고 할 만하다.

　하지만 2015년쯤 매수했던 시세 차익형 주택들은 단기간에 가격이 세 배 이상 상승하는 기염을 토했다. 가히 충격적인 반전이었다. 위기에만 강하면 되는지, 타이밍 좋게 상승기 때 잘 올라타는 것이 맞는지는 언제 어느 때든 어느 쪽이 무조건 맞고 틀렸다는 참과 거짓이 아니라 이때는 이것이 맞고 저 때는 저것이 맞을 수 있음을 잘 보여주는 사례였다.

　투자를 막 시작했을 당시 필자는 적당히 힘을 쓴 노력과 더욱더 정교하게 힘을 쓴 노력을 함께 했었다. 하지만 상대적으로 적은 공을 들였지만 타이밍 좋게 매입한 물건이 기하급수적으로 가격이 상승하는 경험을 한 후 주변 지인들에게 이러한 체험을 다음과 같이 설명했다. "자산 가격 상승기 때는 어떤 허접스러운 투자 상품을 사더라도 상향의 단맛을 맛볼 것이고, 자산 가격 하락기 때는 어떤 명품 같은 투자 상품을 사더라도 하향의 쓴맛을 볼 것이다"라고 말이다.

　필자의 경험에서 나온 귀납적 결론이긴 하지만 성공 가능성이 상당히 높은 투자 방식이니 만약 이를 따라 하려는 사람이라면 게으르고 눈치 빠른 투자자가 되도록 노력해야 한다는 게 필자의 생각이다.

신중한 투자자는
매번 최악의 상황을 생각한다

투자하다 보면 투자뿐만 아니라 어떤 일을 하더라도 불안감에 휩싸이는 경우가 있다. 대부분 사람이 언제 안달복달하게 될까? 바로 예상치 못한 상황에 직면했는데 적절한 해법을 찾지 못했을 때다. 이럴 때는 잠 못 이루는 밤을 지새우게 된다. 늘 가슴 한편을 돌로 짓누르는 듯한 중압감에 시달리기도 한다. 이런 감정을 느끼면서 지속하는 투자는 투자가 아닌 투기나 도박에 가깝다.

행복하기 위한 투자 행위를 하면서 이런 감정을 느낀다면 결코 오랜 시간 투자 활동을 하기 어렵다. 이를 시나리오를 미리 점검하는 것이다. 물론 긍정적인 결과를 얻기 위해 투자 행각을 하면서 최악의 경우를 떠올리기는 쉽지 않고, 자산 가격 하락기를 경험한 적

없는 투자자라면 더더욱 최악의 케이스를 감안하기가 어렵다. 이럴 때는 과거 부동산 시장이 어땠는지 되짚어봐야 한다.

필자는 한국 경제가 가장 최악이었던 케이스를 지속적으로 공부했는데 한국이 경험했던 여러 위기 중 가장 힘들었을 때였던 '1997년 IMF 외환위기'는 물론 '1950년 6·25 전쟁'까지 공부했다. 이처럼 한국 역사상 최악의 경제 상황이었던 때를 파고들다 보면 어떤 부정적인 경제 환경이 닥칠 수 있는지 알아볼 수 있게 된다. 이렇듯 사람은 보통 자신이 모르는 일이 진행되거나 예상하지 못한 사건이 터졌을 때 극한의 두려움과 스트레스를 받는다. 하지만 어떤 식으로든 미리 인지한 사건을 맞닥뜨린다면 적어도 상황을 분석할 정도의 정신력은 살아 있을 가능성이 높다.

투자는 여기서부터 시작해야 한다. 극악의 경제 환경에서도 이성이 있고 어떤 식으로든 한 번의 쓰나미 같은 위기를 막아내기만 한다면 그 뒤부터는 대처가 가능해진다. 그리고 가장 중요한 점은 최악의 경우를 시뮬레이션해보면 중간쯤 되는 부정적인 사태는 다소 가벼운 마음으로 대응이가능해진다. 이는 어떠한 상황에서도 투자 활동을 지속하게 하는 중요한 요소가 된다.

불안감에 휩싸여 투자에 끌려다니느냐 아니면 최악의 상황을 대비하며 일반적인 위기는 느긋하고 여유롭게 헤쳐나가느냐 이 두 가지 중 하나를 선택해야 한다면 당연히 후자를 택해야 한다. 이를 실현하기 위한 구체적인 방안은 뒷부분에서 자세히 설명하도록 하겠다.

매수는 기술
매도는 예술

부동산은 여타 투자 상품과 비교했을 때 투자금을 회수하는 방법이 다양한데 크게 ①레버리지(대출) ②월 임대료(현금 흐름) ③전세보증금 ④매도 등이 있다. 이중 필자는 특히 '전세'를 중요하게 생각한다. 단순히 부동산을 판매한다는 관념에서 벗어나 원금을 회수하는 모든 거래 행위를 매도로 바라보게 되자 매도에 대한 인식이 조금씩 달라지기 시작했기 때문이다.

처음 부동산 투자를 하겠다고 생각했을 때 필자에게는 이러한 점이 대단히 매력적으로 다가왔다. 특히나 이후 투자를 삶에 평생 녹이겠노라 결심했을 때 매도를 극도로 자제하는 투자 방식이 필자의 성향과 잘 맞아 거래에서 비롯되는 각종 스트레스를 줄여주기도 했다. 게다가 한국에만 있는 '전세 제도'는 원금회수율을 더욱더 빠르고 확실하게 해주는 장점이 명확했다. 현금 흐름을 중심으로 투자하고 투자금 회수를 확정 지으며 리스크를 축소하는 투자를 추구하는 필자에게는 한국의 부동산, 그중에서도 주택 시장은 투자하기에 최적의 환경이었다.

이런 관점에서 보면 원금을 절대로 잃어서는 안 되는 투자자의 투자처는 명확해진다. 바로 사람이 모여 있고 앞으로도 모일 곳이어야 한다. 물론 지방 부동산에도 투자하고 있긴 하지만 조그마한 수요 혹은 공급 변동에도 매매나 전세 가격이 널뛰기하는 모습을 너무나 많이 봤다.

전업 투자자가 아닌 월급쟁이가 굳이 명확한 투자처를 두고 발품을 팔며 시간을 들일 이유가 없었다. 그래서 필자는 수도권 내 1억 원대의 아파트를 중심으로 갭투자를 한 후 세입자가 바뀔 때마다 하나씩 대출을 받고 현금 흐름이 있는 자산으로 투자 포트폴리오를 구성해갔다.

그러다가 2015년쯤 서울 부동산 시장에 본격 진입했는데 서울 아파트는 덩치 때문에 월 임대보다는 전세금 상승을 통한 빠른 원금 회수 후 현금(유동성) 확보의 자산으로 간주하며 보유하고 있다. 당시 매수 결정을 내리기까지 어떤 사고 과정을 거쳤는지 지금부터 공유할 테니 잘 따라오길 바란다.

매수를 위한 사고 과정

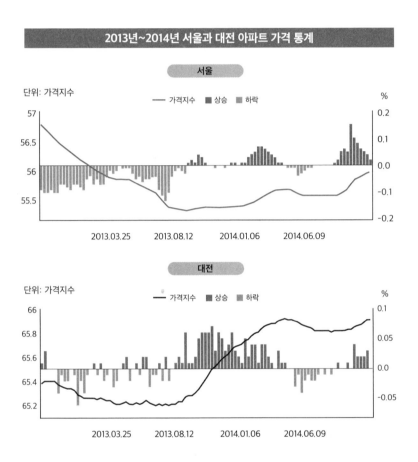

매수 시 필자가 확인하는 요인factor 몇 가지가 있는데 그중 제일 주요하게 생각하는 요인은 '전세가율'과 '가격 비교'다.

2014년을 예로 들어 보겠다. 부동산 가격이 서울 수도권과 지방이 디커플링Decoupling 상태였고 당시 필자가 지방에 보유하고 있던, 안테나 역할을 하는 부동산들이 얼마나 오르고 있는지 이미 확인한 후였다. 그 결과 이제 수도권으로도 부동산 상승세가 오겠다고 판단했기에 2014년부터 서울 수도권 부동산 매수를 시작했다.

사실 이때도 하우스 푸어가 아직 메아리치고 있었던 상황이었고 매매 수요에 비해 전세 수요가 많아 서울 수도권 전세가율(매매전세 갭)이 70%에 육박했었다. 재건축을 제외하면 전세가율 80~90%의 아파트가 서울에도 수두룩했다.

나름 근거를 가지고 부동산 매수를 시작했지만 여전히 긴가민가한 시간을 보내던 중 드디어 2015년 들어 서울 수도권 주택 가격이 완연한 상승세를 보이기 시작했다. 이런 상황에서는 외부 충격(외환 위기나 금융 위기 등)만 조심하고 대비한다면 부동산 가격을 비교해 아직 오르지 않은 지역의 매물을 찾아 매수만 하면 된다.

당시 서울 광화문 중심지의 경희궁자이 아파트 99.17m²(약 30평)의 분양가 및 프리미엄이 15억 원이면 필자는 주변 아파트의 연식과 평지 등을 고려해 저평가 여부 등을 과거 시세와 비교했다. 이때 신축 연동 효과 등으로 폭발적인 가격 상승이 없었던 물건이 있으면 매수하는 식으로 투자를 진행했다.

이처럼 랜드마크 아파트를 중심에 두고 주변 주택으로 차츰 투자율을 대입해보면 한두 가지 부족한 부분이 있어 상대적으로 가격이 낮은 아파트들이 보인다. 이런 곳을 매수한 후 '얼마까지는 가격이 오르겠지' 생각하며 잊고 살다 가격 상승이 적절한 때가 되면 과감히 매도하거나 계속 보유하겠다고 결정만 하면 된다. 어떤가? 어렵지 않다. 누구나 할 수 있다.

매도를 위한 사고 과정

앞에서 필자가 실행한 매도는 대부분 사람이 생각하는 자본 차익을 목적으로 한 건 아니었지만 그렇다고 해서 자본 차익을 얻기 위한 매도를 완전히 배제해야 한다는 의미는 아니다.

2009년 세계 금융 위기가 막 지나간 직후 서울과 수도권의 부동산 경기는 완전히 꺾인 상태였다. 반면 지방 광역시는 그간 상승 폭이 크지 않았기에 금융 위기의 영향을 상대적으로 적게 받았다.

이 시점에서 필자는 인구 유입이 지속되는 서울과 수도권 아파트에 갭투자를 해야겠다고 판단했다. 그래서 구매 후 보유하는 동안 두 배 가량 오른 지방 광역시 재건축 대상 아파트를 매도하고 그 자금으로 새로운 투자에 나서기로 했다. 당장 현금이 필요 없는 매도는 세월을 낚으며 기다리다 보면 원하는 가격을 받을 수 있겠지만, 매매 차익으로 또 다른 투자를 해야 하는 상황이라 적당한 네고를 통해 빠르게 매도했다.

참고로 필자가 매도했던 지방 광역시 아파트는 2018년쯤 가격이 두 배로 뛰었다. 추가 투자가 목적이 아니었다면 매도할 이유가 없었을 것이다. 그러나 필자는 매매 차익과 그간 모아온 현금을 바탕으로 서울 소형 아파트 한 채와 수도권 소형 아파트 두 채에 갭투자를 단행했다. 지금도 그렇지만 그 당시 1억 원은 정말 엄청나게 큰 돈이었고 갭투자금은 5,000만 원 미만이었다.

매도했던 지방 광역시 아파트 가격이 두 배 오르는 동안 매수했던 서울 소형 아파트의 가격은 세 배 이상 상승했고 수도권 소형 아파트 역시 가격이 크게 뛰었다. 무엇보다 이 기간 동안 대출을 활용해 수도권 아파트에 월 임대 수익을 창출하는 선순환 구조를 만들었는데 이는 2015년 이후 서울 부동산에 투자를 집중하는 데 큰 도움이 되었다. 이것이 대체 투자나 포트폴리오 조정을 위한 마이너 매도 사례다.

이와 다르게 글로벌 경제 상황을 보며 살아남기 위해 행해야 하는 큰 매도, 즉 메이저 매도가 있다. 살면서 한두 번 기회가 오는 메이저 매도 때는 무조건 환율을 체크해야 한다. 투자하다 보면 해외 자본 유입에 따른 자산 가치 상승과 자본 차익을 노린 대량 매도로 인한 유동성 위축기가 한 번은 찾아오기 마련인데, 이 시기에 맞춰 리셋 또는 부분적인 자산 정리에 나서야 하기 때문이다.

앵커링 효과

인간의 모든 사고 과정에는 앵커링 효과Anchoring Effect가 작용한다. 지식, 추론, 연애는 물론 투자에서도 예외는 아니다. 앵커링 효과란 행동경제학 용어로 협상 테이블에서 처음 제시된 조건에 사로잡혀 거기서 쉽게 벗어나지 못하는 현상을 일컫는다.

이 앵커링 효과는 부동산 투자 영역에서 더욱더 뚜렷하게 나타난다. 부동산 투자를 한다면 서울에서 태어난 자체가 운이 좋은 것이다. 특히 강남에서 태어나고 자랐다면 부모님께 감사해야 한다. (가격 자체가 크다 보니 그 자체로 압박감이 있긴 하지만) 자연스럽게 한국 핵심지를 준거 기준으로 부동산을 볼 수 있고, 해당 지역의 지식 및 정부 정책 변화와 경험 축적은 타지역 부동산 투자에 대한 뛰어난 확장성과 적용성으로 표출될 수 있다. 즉 힘든 난제를 해결하면 레벨이 낮은 문제는 쉬워 보이는 것과 비슷하다.

전문 투자자가 아닌 월급쟁이가 서울 내 상위 주거지로 이주해 아이를 키운다는 건 자금의 문제도 있지만 앵커링 효과도 무시할 수 없다. 연어가 알을 낳기 위해 목숨을 걸고 흐르는 물살을 거슬러 올라가는 정도의 강단이 있어야 한다.

이처럼 앵커링 효과를 강하게 언급한 이유는 몇 가지 매도 사례에 대해 필자가 조언한 바를 설명하기 위해서다. 2018년 필자에게 자기는 지방에 계속 거주할 예정이니 서울 개포 아파트를 매도하고 현금 흐름이 발생하는 자산을 취득하는 게 어떨지 문의한 사람이 있었다. 또 다른 사람은 2017년 서울 사당 재건축 아파트를 팔고 강서구에서 월세 수익을 올릴 만한 아파트를 사는 것에 대해 물었었다.

필자가 어떤 조언을 했을까? 각자의 사정과 당시 경제 위기설 및 부동산 폭락론 등에 휩쓸려 의사 결정이 쉽지 않은 상황이었다. 지금은 그 후 급등한 부동산 가격을 알기에 답이 명확해 보이지만, 그때만 해도 앞날을 예측하기 어려웠고 2020년 초 코로나19 사태로 잠시나마 매수 심리가 위축되기도 했었다. 하지만 2019년 하반기를 기준으로 두 아파트 모두 상당한 가격 상승세를 보였기에 끝까지 보유해야 할 핵심 자산이라는 게 필자의 생각이었다.

결론은 두 사람 모두에게 위기 시 혹은 현금 흐름을 위한 적절한 방안을 각자 상황에 맞게 가이드했고 2021년 시점에서 두 사람 모두 앵커링해야 하는 개포, 사당 물건은 계속 보유하는 쪽으로 결론을 내렸다. 만약 서울이 아닌 지방이나 수도권 외곽 아파트였다면 필자의 조언은 달라졌을 것이다. 둘 다 서울의 양호한 입지에 있는 아파트를 매수했고 전국적으로 봤을 때 상승 가능성이 높은 지역에 앵커링된 상태였으며 적절한 타이밍의 조언까지 수용했기에 두 사람 모두 상당한 시세 차익을 누릴 수 있었다.

예술은 힘들다, 기술만 익히자

필자의 매도 사례를 포함해 세 가지 경우 모두 중간중간 등락은 있었지만 장기적으로는 우상향했다. 이는 아무리 절묘한 매도 타이밍을 잡았다 해도 매도 대금을 다른 자산에 투자하지 않는 한 이후 더 오른 가격을 마주하며 쓸쓸함을 느낄 수밖에 없음을 시사한다.

필자의 투자 사례 중 1억 3,000만 원(갭투자, 제반 비용 포함)에 매수한 주택이 2년 뒤 3억 7,000만 원으로 가격이 뛴 예가 있다. 하지만 다주택자에게 상승한 시세는 사이버 머니에 불과하다. 양도세 등 각종 비용을 들여 현금화하는 순간 빛 좋은 개살구로 전락할 가능성이 크기 때문이다. 게다가 그 자금으로 다시 어딘가에 투자해야 하는 숙제까지 남는다.

반면 이 주택을 장기 보유한다면 시간이 걸릴 뿐 투자금 회수는 자명하다. 2019년 기준 약 1억 원의 전세금 상승으로 투자금 1억 3,000만 원 중 대부분을 회수했고 향후 꾸준히 투자금을 회수할 수 있으며 추가 수익도 발생할 수 있는 구조로 만들 수 있다.

사람이 모여드는 지역에 역전세 등의 리스크는 최소화하고(최고가 주택에는 본인이 직접 거주하면 됨) 대출 및 전세금을 활용한 현금 흐름을 만들어 10년 정도 갭투자를 꾸준히 한다면 어느 순간 자산은 기하급수적으로 불어나 있을 수밖에 없다. 결국 투자된 자산이 화폐의 총량이 늘어나는 것에 비례해서 몸집을 키우고 현금 흐름을 통해 지속적인 투자 운영이 가능하도록 되는 것이다.

이렇게 인프라를 만들어 놓은 이후 걱정되는 점은 IMF급 위기 혹은 천재지변급 재난이나 전쟁 정도다. 일어날 확률은 낮지만 발생하기만 한다면 극도로 큰 영향을 끼치기에 이러한 리스크에 관한 헤지Hedge를 매도가 필요하게 된다. 투자자라면 위기 시 대응하기 위해 각자 상황에 맞는 기준을 두고 꾸준히 자산을 지킬 줄 알아야 한다.

가령 1억 원의 현금 유동성은 있어야 하는데 좋은 자산 매수를 위해 소진했다면(보통은 전세금 상승분으로 새로운 자산을 취득하기 때문에 유동성은 터치하지 않아도 됨) 무슨 수를 쓰든 몇 개월 내에 현금 유동성을 위한 1억 원을 다시 채워놔야 한다.

그리고 역전세를 보는 살짝 다른 관점도 말하자면, 수도권 내 2억 원 초반 이하 물건이 역전세 등으로 전세임차인 구하기가 어렵다면 매도부터 생각하는 것이 아니라 대출을 적극적으로 활용해 월세 임대로 돌려 현금 흐름을 만들 좋은 기회가 될 수 있다.

결론적으로 투자자라면 일생에서 한두 번 만날 자산 리셋을 위한 메이저 매도를 준비하되, 부동산 상승이나 하락에 연연한 찰나 매도는 지양해야 한다는 것이 필자가 부동산 매도를 보는 관점이다.

필자는 예술이라 일컫는 절대적 매도 타이밍은 알 수 없지만 매도에 대한 인식의 전환을 통해 후회 없는 매도와 매도 계획 수립에 주력하고 있다. 자산 버블 붕괴 시 위기 회피를 위한 매도 외에는 전반적인 매도를 최대한 자제하고, 시세 상승기에 보다 우량한 자산으로의 대체투자 목적으로만 매도한다면 매도 시점과 무관하게 실질적 손해를 피할 수 있다는 게 필자의 입장이다.

2장

화폐를
이해하자

TIMING

신용화폐란
무엇인가?

화폐의 개념을 깊이 있게 알고 싶다면 이미 많은 학자와 전문가가 집필한 책을 참고하면 된다. 이 책에서는 오로지 투자를 위한 신용화폐 개념과 시뇨리지 그리고 오일달러**Petrodollar** 기축통화**Key Currency**와 개별 국가의 환율에 따른 자산 가격 변동 메커니즘에 대해 풀어보고자 한다.

　이번 〈2장 화폐를 이해하자〉에서는 앞에서 강조한 투자를 위한 신용화폐와 시뇨리지 및 오일달러에 관해 언급하고자 한다. 특히 이번 장에서는 이후 챕터들에 대한 메타 글 성격(상위 개념)의 내용이 담겨 있으니 꼭 어느정도 이해하고 다음 챕터로 넘어가길 바란다.

절대적이 아닌 상대적인 화폐 가치

화폐는 밀도 높은 하나의 점에서 시작하는 빅뱅 이론과 유사한 점이
있는데 시간이 흐를수록 밀도(가치)는 낮아지지만 끝없이 팽창한다
는 게 그것이다. 10년 이상 금이나 부동산 등의 실물자산을 보유해
본 경험이 있다면 화폐량 증가에 비례해 자산의 규모도 함께 커지는
체험도 해봤을 테니 이를 뼈저리게 실감할 수 있을 듯하다.

화폐는 재화와 서비스의 가격을 측정하는 척도지만 금 태환을 보장하지 않는 시점(1971년 '닉슨 쇼크'로 인해 달러-금태환이 중지됨)부터 절대적인 척도가 아닌 상대적인 척도가 되었다. 그 때문에 기축 신용 화폐인 달러 자체가 여러 상황에 따라 가치가 왔다 갔다 하게 되었고 그에 따라 국가별 화폐 가치 역시 달러를 기준으로 너무나 상대적인 것으로 상황이 바뀌어버렸다.

이런 맥락에서 화폐 가치는 기축통화 대비 자국 통화 가치, 즉 환율로 파악할 수밖에 없다. 달러를 발행하는 미국의 경제 상황에 따라 각국의 환율은 수시로 변동한다. 따라서 국내 자산의 가치 상승 여부를 가늠하기 위해서는 블랙스완Black Swan급 외부 충격이 없는 한 달러 대비 환율을 주시해야 하며 이는 곧 미국 경제 동향(금리, 물가, 고용, 무역 정책 등)을 면밀히 살펴야 함을 의미한다.

사실 이처럼 화폐 가치가 상대적이 되면서 부정적인 블랙스완의 발생 시기와 양상을 예측하기가 더욱 어려워졌다. '실물자산의 가치 척도는 기축통화인 달러에 대비한 상대적인 기준인 개별 국가 화폐로 결정된다'라는 속성을 이해하는 것이 투자에 있어 매우 중요함을 강조하고 싶다.

자산 가격 등락에 따른 차익 실현에만 집중한 투자를 했다면 이런 실물자산의 속성을 전혀 이해할 수 없다. 화폐를 단위로 가격이 매겨지는 자산, 특히 부동산 등에 장기로 투자해본 사람만이 실물자산의 속성을 파악할 수 있다. 이러한 경험이 있어야 그동한 보지 못한 새로운 관점으로 투자를 볼 수 있고 가치를 매기는 화폐와 환율에 대한 개념 또한 일깨울 수 있다.

사실 알고 보면 환율의 개념은 단순명료하다. 오히려 누군가 일부러 복잡하게 꼬아놓은 듯한 인상마저 든다. 환율 변화에 따른 자산 가격 변동 구조는 투자 타이밍 측면에서 대단히 중요하므로 〈4장 금리와 환율이 타이밍을 정한다〉에서 상세히 살펴보겠다.

실물자산을 획득해야 하는 이유

다시 화폐의 속성 이야기로 돌아와서, 자신이 평생 열심히 노력해서 어느 정도의 부를 일구었다고 가정해보자. 적정 규모의 부라면 자국 화폐만으로도 부의 유지가 가능할 것이며 생전에 소비하거나 증여하는 데 별다른 문제가 없을 것이다.

하지만 여기에는 명백한 기준점이 존재한다. 바로 일정 수준 이상의 부에 이르면 화폐만으로는 부를 지키기 어려워진다는 건데 이는 환율이나 인플레이션(주로 금리 인하기)으로 인해 부가 잠식될 위험이 커지기 때문이다.

따라서 일정 수준 이상의 부가 있다면 무슨 수를 써서든 역외 자산(해외 주식, 부동산, 달러 등)을 취득해야 한다. 역외 자산 취득에 소요되는 비용이 부담스러울 수 있지만 환율 리스크와 인플레이션을 염두에 두지 않는다면 가만히 앉아서 기껏 이루어놓은 부가 쪼그라드는 걸 지켜볼 수밖에 없다. 그저 개인이나 가족 구성원이 써서 없어지는 돈의 규모와는 차원이 다르다.

이때 등장하는 것이 바로 부동산을 포함한 실물자산 취득이다. 화폐는 교환 가치가 떨어질 수밖에 없으므로 이를 방어하기 위해 실물자산을 매입하는 것이다. 이 수준의 부(화폐)는 자산 취득으로 인해 고정되거나 사라지지 않는다. 자산을 매입함과 동시에 적절한 대출을 활용해 유동성을 확보하고, 시간이 지날수록 상승하는 자산 가격을 바탕으로 매입 당시 가격을 초과하는 추가 유동성 동원 또한 가능해진다.

상당한 대출 이자가 나가지 않느냐는 반문이 있을 수 있다. 맞다. 하지만 이것도 크게 의미는 없다. 주로 금리 하락기 초입에 이런 실물자산을 취득하기에 이자 부담은 시간이 가면 갈수록 줄어드는 경향이 있다. 그리고 이자 상당액을 대출을 통해서든 자산에서 발생하는 현금 흐름을 통해서든 확보해 놓고 대출을 받기 때문에 대부분 사람이 생각하는 이자의 압박감 등은 고려 대상이 아니다.

그렇다면 대출금 상환에 대한 부담은 없을까? 통상 일부 상환 요구에 대비해 어느 정도 유동성(현금 보유-Stock)을 마련해둔다. 하지만 화폐 가치 기준 총자산이 대출 총액을 초과해도 동시다발적인 대출 상환 요구로 인해 대차대조표상 흑자임에도 도산할 가능성이 있다. 이런 대규모 상환 요구가 한국의 IMF 외환 위기 당시 있었는데 정부가 기업의 생사를 판가름하는 이른바 '살생부'를 작성했던 것이다. 당시 전 세계적으로 달러 보유량이 불안정해지면 건실한 국가조차 부도 사태를 맞을 수 있음을 여실히 보여준 사례였다.

지금까지는 투자자 관점에서 어떻게 화폐를 인식해야 하고 신용 창출(유동성 창출)은 어떤 방식으로 해야 하는지 언급했다. 하지만 이 방식을 지나치게 남용하면 한순간에 몰락할 수 있다. 특히 유동성의 종말점에서 금리 인상 초기(2022년 초)임을 간과한 채 이 방식을 적용하면 시간이 지날수록 급등하는 이자로 인해 현금 흐름이 경색될 가능성이 높다. 현재 이러한 '돈맥경화'로 파산 직전의 중소기업들이 속출하고 있다.

아무튼 개인의 경우 이제 위와 같은 신용 창출 방식이 있음을 알았다면 일을 하는 목표가 단순히 저축을 통한 돈 모으기가 되어서는 안 된다는 각성이 생겨야 한다. 화폐를 털어 부동산과 같은 자산을 매수해 부의 축소를 막고, 대출을 통해 유동성을 확보해서 사업을 하든 다른 자산을 매수하든 해야 한다. 물론 이런 작업의 근간에는 월급이든 임대 수익이든 '일정한 현금 흐름'이 반드시 있어야 한다.

그리고 어느 순간 이런 작업을 돈의 단위만 키워서 되풀이하게 될 것이다. 처음에는 대출의 어마무시함에 위압감을 느낄 수 있겠지만 곧 적응이 되고 대출 관리, 정확히는 대출 이자 관리가 가능해질 것이다. 이때 자산 혹은 사업체에서 나오는 현금 흐름(수익)과 대출로 인한 현금 유동성(빚)을 구분하지 않는다면 다량의 현금에 취해 헤롱대다 삶을 그르칠 수도 있다.

　필자가 보기에 화폐는 교환을 위한 매개체일 뿐 일군 부를 보존하는 역할은 미미하다. 그렇다면 자산, 특히 부동산은 영원히 부를 지켜줄까? 100년 이상의 기간으로 보면 이 역시 무의미하다. 100년 후 청담동이나 뉴욕의 모습을 예측하는 것은 의미 없는 것이다. 다만 그 시대상에 걸맞은 방식으로 대물림된 자산을 유지하는 일이 주된 과제가 될 것으로 필자는 예상한다.

　결국 가장 중요한 점은 자녀 교육으로 귀결될 수밖에 없다. 단순히 학교 성적을 따지는 게 아니다. 화폐, 환율, 금리, 투자에 관한 교육에 부모가 장기적으로 투자하며 터득한 노하우를 더해 자녀의 특성에 맞게 경제 공부를 시행해야 한다는 뜻이다.

화폐의 이해는 환율부터

화폐의 속성을 이해하는 것은 부동산 투자에서 가장 중요한 요소인 대출, 즉 레버리지를 파악하는 데 필수다. 필자가 부동산 투자의 핵심 요인으로 대출을 아무리 설명해도 대출에 부정적인 입장을 가진 이들에게는 공허한 메아리에 그칠 뿐이었다. 그러나 화폐라는 다소 추상적인 개념을 탐구하고 화폐와 대출의 연관성을 고찰하면 대출이 투자에서 어떤 의미를 지니는지 한층 깊이 있게 이해할 수 있다.

이후에 나올 내용은 위 내용을 포함한 화폐의 특성 때문에 비롯되는 것에 대한 이야기(오일달러, 블랙스완급 외부 위기 등)인데 이는 숲이 불타는데 내 나무만 보호할 수 있다는 아집을 경계하고 투자자들이 어떤 상황에서든 유연한 태세 전환을 할 수 있게 도울 것이다.

현재 지구상에 금태환이 되는 화폐는 없다. 달러 역시 석유 거래의 매개로 사용되며 오일달러로의 실물 근간이 있을 뿐이다. 원화역시 마찬가지다. 교환의 매개로의 역할만이 있을 뿐 부의 저장 역할은 없다고 봐야 한다.

원화의 가치는 달러에 종속되고 달러의 가치는 미국 경제력에 좌우된다. 이러한 글로벌 금융 시스템은 1997년 한국 및 동아시아 IMF 외환 위기 이후 가속화되어 달러 가치에 따라 원화 가치(환율)와 자산가치(주식, 부동산 가격)가 변동할 수밖에 없는 구조로 짜여 있다. 한 금융통화위원의 말을 빌리자면, 한국은행은 정부로부터는 상당히 독립적이지만 미국 연방준비제도Federal Reserve System, Fed(연준)로부터는 그렇지 않다고 할 수 있다. 따라서 환율을 주시하지 않고 화폐로 표시되는 자산의 실제 가치를 가늠하려 한다면 이는 어리석은 접근법일 수밖에 없음을 강조하고 싶다.

오일달러 신용화폐 관점에서 본 중동 글로벌 이슈

오일달러와 인플레이션

필자는 음모론에 경도되거나 모든 일에 회의적인 자세를 취하는 것을 선호하지 않는다. 그러나 항상 진행 중인 일들에 대해 최악의 시나리오를 상정하고 그런 상황이 닥쳤을 때 필자가 할 수 있는 최선의 대응책을 고민해두곤 한다.

이런 성향 탓에 화폐로 표시되는 실물의 진정한 가치에 대해 숙고하지 않을 수 없었다. 계속 강조하지만 화폐의 주요 기능은 '거래 수단' '가치 척도' '가치 저장'이다. 그런데 필자가 느낀 바로는 현대의 신용화폐는 그 발행량 면에서 팽창하는 빅뱅 이론과 유사한 특징을 보이며 이에 따라 가치 저장 기능은 점차 상실되고 있었다. 금 보관증에 불과했던 영주증(화폐)이 1971년 금태환이 금지되고 1985년 달러-엔 환율을 의도적으로 절하(약달러)시킨 플라자 합의 이후로 약 40여 년간 달러 기축 체제를 유지하고 있다.

오일달러라는 표현이 시사하듯 원유는 달러로 가격이 매겨지고 거래된다. 이는 상품(원유)의 가치를 측정하는 수단(달러)을 인위적으로 고정한 것이다. 그리고 이 달러를 기준으로 각국 화폐의 가치가 평가되어 환율로 나타난다. 우선 어떤 모래 위에 자산이라는 성城들이 세워져 있는지를 살피는 차원에서 이런 근간을 짚어보았다.

대부분 사람이 초인플레이션에 대한 예시를 알고 있다. 달걀 한 알 사겠다고 무수한 돈다발을 들고 가야 하는 나라, 제2차 세계대전 당시 독일, 미국 남북전쟁의 그린백, 2020년대 베네수엘라, 2022년의 터키, 2024년 아르헨티나 등이 그 경우다.

현재 원유의 결제 수단으로만 실물과 연결되어 있는 달러를 전무후무한 양으로 2013년쯤부터 풀어대고 있었고 2020년 코로나19 팬데믹 때는 역대급 양적 완화가 있었다. 당시 비전통적인 통화 정책 방식으로 포장되었던 것이 양적 완화다. 2008년 리먼 브라더스가 파산하면서 금융 위기를 극복하기 위한 기상천외한 정책으로 선전되었고 2020년 코로나19 팬데믹 상황에서 그 전보다 몇 배는 더 많은 유동성을 풀어재끼며 돈 잔치를 본격화했다.

뭔가 석연치 않은 느낌이 들지 않는가? 실물 가치를 표시하는 화폐가 시중에 엄청나게 늘어났는데도 초인플레이션이 발생하지 않았고 오히려 일부 국가에서는 달러 보유량이 줄어들까 봐 전전긍긍하는 상황이다. 필자의 의구심도 바로 이 지점에서 시작되었다. 우리가 배우고 상식으로 여기는 법칙이 달러라는 화폐에는 왜 적용되지 않는 것일까? 공기나 물과 같이 아무리 양이 많고 필수 불가결한 재화라고 해도 어느 순간 가치가 하락하기 마련인데 이는 달러에 도 마찬가지로 적용되어야 한다.

물론 2022년 이후 물가가 급등하면서 달러가 휴지조각으로 전락하고 있기에 결국 압도적인 물량으로도 가치를 지탱할 수 있는 재화는 없다는 사실을 다시금 확인시켜 주고 있다. 그러나 근본적으로 종잇조각에 불과한 달러를 보유(외환보유고)하지 않고서는 산업의 근간인 원유를 구매할 수 없고 환차익을 노리는 헤지펀드의 공격에도 속수무책으로 당할 수밖에 없다. 그런데 이처럼 다소 일방적이고 강압적인 요인만으로 대량 발행된 달러가 과연 그 가치를 계속 유지할 수 있을까?

달러 기축통화의 조건

필자는 미국의 첨단 기술과 이를 활용한 군사력이 현재의 지속 가능한 상황을 유지하는 핵심 요소라고 생각한다. 게다가 달러를 기축통화로 유지하기 위한 다양한 방안 중에는 (전쟁도 불사하는) 군사 행동도 포함된다 여기는 입장이다.

1980년대와 1990년대 초 '걸프 전쟁'으로 명명되는 몇 번의 전쟁을 많은 사람이 기억할 듯하다. 최근 그 밖의 크고 작은 전쟁들이 주로 중동 지역(아프카니스탄)에서 발생했는데 이는 지금도 마찬가지다. 2022년은 러시아가 우크라이나를 공격하며 테이프를 끊었고 2024년에는 역시 중동에서 다시 국지전이 터졌다. 중기적으로는 크림반도와 대만이 지정학적 리스크상 최대 화약고로 포지셔닝 되리라고 예상한다.

1950~1970년대에는 6·25 전쟁과 베트남 전쟁 등 아시아에서 전쟁이 있었다. 이로 인해 막대한 비용이 달러로 소진되었기에 달러가 그 교환 가치를 유지할 수 있었다. 물론 달러 가치 유지를 위해 전쟁을 의도적으로 일으켰다는 입장은 아니지만 달러 가치 유지를 위한 주요 해결책으로 전쟁이 활용되었던 것은 사실이다.

그리고 1990년대 초 일본 버블 붕괴 및 1990년대 말 외환 위기IMF가 아시아에서 발생하게 된다. 그때 가장 기억에 남는 것은 말레이시아 또한 같은 위기 상황이었지만 IMF 권고를 무시하고 동양적인 가치를 추구하며 나름의 전략으로 외환 위기를 극복했다는 점이다. 이후 발전상에서 차이를 보이긴 했지만 어쨌든 극도의 긴축 없이 나라가 망하지 않고 지금까지 버티고 있다는 것이 팩트다. 이에 반해 한국은 인정 없는 금리 인상과 긴축 그리고 구조 조정을 실행했다.

최근에는 터키, 그리스, 아르헨티나에서 국가 디폴트 및 외환 위기가 지속적으로 발생하고 있다.

IMF 외환 위기 때 우리는 나라에서 왜 금을 모으는지 이유도 잘 모른 채 부족한 외환(달러)을 금으로 대체했다. 지금 와서 보면 금을 모을 이유도 효과도 거의 없었다. 금을 모아 어느 정도의 달러를 마련했다 하더라도 밑 빠진 독에 물 붓듯 환차익을 노리는 헤지펀드에 더 많은 이득을 내주었을 가능성이 높다. 다만 대외에 한국인의 위기 극복 의지를 알리고, 국민에게 대규모로 시행될 구조 조정을 받아들이게끔 국내 여론을 조성한 역할은 톡톡히 했던 것으로 보고 있다.

IMF 외환 위기는 한국 사회의 뿌리를 바꾼 사건으로, 서민 가정 대부분을 나락에 빠트리고 그들의 자산을 공중분해 했다. 결과적으로 헐값에 매각된 한국의 자산들은 극도로 약세였던 원화(당시 원/달러 환율이 최고 약 2,000원까지 치솟았다가 IMF 이후 1,000원대로 떨어짐)로 인수되었고, 이는 한국이 개방 경제로 나아가는 계기가 되었다. 이후 원/달러 환율이 낮아졌을 때 가치가 상승한 자산을 매도하고 환차익까지 거두어 간 사례도 있었다.

이 사태는 전 세계에 외환 보유량이 안정되지 않으면 유력 국가조차 부도 위기에 직면할 수 있다는 교훈을 남겼다. 그 이후 대부분 국가에서 안정적인 외환 보유를 중시하고 달러채권 매수와 통화스왑 등을 통해 금융적으로 달러와 연계되도록 노력하고 있다.

이런 체제가 40년 가까이 지속되는 동안 미국은 시뇨리지 효과, 즉 기축통화 효과를 맘껏 누리며 국제 소비 국가로 파워를 더해갔다. 신용화폐는 개념상 인플레이션이 일어나기 전에 부동산이나 금 등의 실물자산을 챙기는 그룹이 유리할 수밖에 없다. 또한 통화를 찍어내는 그룹이 먼저 돈을 쓸 수 있기에 이러한 시뇨리지를 누릴 수 있는 미국이 압도적으로 유리한 상황을 누릴 수 있다.

시뇨리지 효과를 누리면서도 발행하는 달러의 교환 가치를 유지하는 것이 미국 경제의 핵심 경쟁력이다. 이런 과정에서 미국은 자연스레 소비가 미덕인 국가로 발전했다. 하지만 2017년 트럼프 1기 행정부 이후 미국의 입장에도 변화가 생겼다. 이제는 소비뿐만 아니라 수출 경쟁력도 갖춰야 한다는 인식이 생겨난 것이다. 백인 중산층의 불만과 희망을 등에 업은 트럼프는 기축통화 지위 유지보다 미국의 이익을 우선하는 입장을 취했다. 이에 따라 약달러(수출과 고용에 긍정적인 영향)를 추구하며 무역 분쟁도 불사하는 모습을 보였는데, 이 시기에 미·중 무역 분쟁이 본격화되기도 했다.

아이러니하게도 트럼프가 미국 우선주의를 내세우며 약달러를 추구할 때마다 중국 및 유럽과의 무역 분쟁이 심화되었고, 이로 인한 불확실성과 위기감 때문에 오히려 기축통화인 달러에 대한 수요가 늘어나면서 달러 강세가 촉발되는 현상이 나타났다.

미·중 갈등과 달러 가치

현재 미국과 중국은 군사, 산업, 통화 등 대부분 영역에서 갈등 양상을 보이고 있다. 사실 미국은 중국을 2001년 세계무역기구WTO에 가입하게 하면서 중국의 역할론을 생각했었던 것 같다. 세계를 대표하는 경찰 국가라는 허울(천문학적 비용 소요)을 내려놓고 자국의 이익을 더욱 챙기려면 기존에 미국이 맡았던 역할 일부를 맡길 국가가 필요한데 그게 중국이 아니었을까 필자는 생각한다. 한때 대두되었던 세계 다원론 및 다극주의가 미국, 중국, 유럽 등의 핵심 국가들이 전략적 견제를 통해 평화와 힘의 균형을 지속하겠다는 맥락이었다.

러·우 전쟁과 중동 국지전이 마무리되면 제한적인 다극주의가 대두될 가능성도 크다. 중국을 주적에 두며 지역 방어를 위해 미국을 대신할 국가에 힘을 실어주는 모양새가 될 듯하다. 미국이 현재 유럽과 아시아를 아우르는 글로벌 공급 체인을 계속 유지할 여력이 되지 않기에 최근에는 미국 내에 제조업을 유치하기 위한 정책도 지속적으로 내놓고 있다.

향후 중국은 대만을 중국에 복속하려는 문제를 놓고 지속적으로 미국과 첨예하게 대립할 가능성이 높아지고 있다. 또한 중국은 과거 세계의 공장에서 이제는 세계의 소비국으로 바뀌기 위해 이미 40여 년 전의 일본처럼 글로벌 자산 쇼핑을 하고 있는 실정이다. 그때의 일본을 상대로 미국은 군사력의 우위를 앞세워 플라자 합의를 통해 강제로 엔화 절상을 했었고, 그 이후 일본이 잃어버린 30여 년을 보내고 있다는 건 대부분 사람이 잘 알고 있는 사실이다.

미국은 플라자 합의 때의 일본처럼 중국을 견제하려는 동시에 달러 기축통화국 유지에 중국의 역할도 기대했던 것 같다. 미국 달러 인덱스U.S. Dollar Index 내에 엔화가 포함되며 준기축통화 대접을 받았듯이 위안화 역시 이런 경로를 따른다면 미국과 중국 모두 윈윈이라는 게 미국의 구상이다.

이런 작업의 이면에는 시뇨리지를 누리며 발행되는 돈의 교환 가치를 유지한다는 건 시간의 문제일 뿐 지속가능한 상식적인 상태가 아님을 사람들이 눈치챌 확률이 높다는 약점이 존재한다. 특히 코로나19 이후 무한정 풀린 달러 유동성을 흡수하는 중인 2022년부터 현재까지 미국은 폭등한 물가와 상대적으로 값어치가 떨어진 달러의 가치 제고를 위해 지속적으로 금리 인상에 매진하면서 종이돈의 실체를 사람들이 인지할까 봐 전전긍긍하고 있다.

연준은 2022년 3월부터 물가 안정을 명분으로 급격한 금리 인상을 단행해 왔다. 2022년 3월 0.25%를 시작으로 빅스텝(0.5%p)과 자이언트스텝(0.75%p) 인상을 거듭하며 2023년 7월까지 기준금리를 5.5%까지 끌어올렸고 이후 10개월 이상 이 수준을 유지하고 있다.

이처럼 연준이 경기 침체 우려에도 고강도 긴축에 나선 이유에는 달러 가치 방어라는 절박함이 깔려 있다. 신용화폐인 달러가 휴지 조각이 되는 일을 막는 것이야말로 미국이 누릴 수 있는 최고의 국

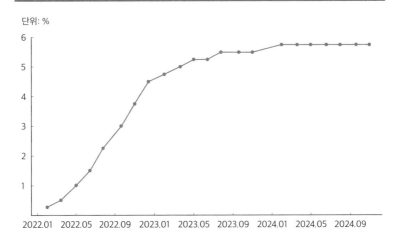

미국 연방준비은행 금리 인상 추이

단위: %

6

5

4

3

2

1

2022.01 2022.05 2022.09 2023.01 2023.05 2023.09 2024.01 2024.05 2024.09

익이기 때문이다.

이런 신용화폐 기축통화인 달러 가치 품질 관리를 위한 미국의 향후 시나리오 플래닝 중 하나가 중국을 아우르는 것이다. 미국은 일본의 플라자 합의 때처럼 중국에게 일정 부분을 희생(일본의 엔화 절상 또는 한국의 IMF)하게끔 하고 이후 위안화를 준기축통화(달러 인덱스 포함)로 위상을 높여 중국 역할론을 존중하다가 새로운 패러다임 (오일달러 대체)으로 판을 뒤집지 않을까 필자는 추측한다.

물론 중국도 이런 역사적 선례를 잘 알고 있기에 위안화의 국제 결제 통화 지위 확보를 위해 일대일로(신실크로드) 등의 정책을 추진 하고 있다. 그러나 미국은 1차 미·중 무역 합의와 첨단 기술 유출 방지, 중국 기술 기업 견제 등으로 중국을 압박하고 있다. 중국 내수 시장이 이런 압박을 얼마나 견뎌내고 글로벌 시장 장악력을 높일 수 있을지가 관건이 될 것이다.

이런 환경은 한반도에는 다행이지만 점점 대만을 두고 미국과 중국의 군사적 대립까지 거론되는 상황으로 치달을 수 있다. 물론 그 기저에는 신용화폐 기축통화 쟁탈전과 신용화폐(오일달러)를 대체하는 신기술 기반 산업의 주도권 다툼이 있음을 이 책을 읽는 독자라면 반드시 이해해야 한다.

TIP   **플라자 합의**Plaza Accord

1985년 9월 22일 미국 뉴욕의 플라자 호텔에서 당시 주요 선진 5개국(G5, 미국·일본·서독·프랑스·영국)이 시장에서 달러 가치를 인위적으로 절하하기로 결정한 합의다. 목적은 1980년대 초반 강세를 보이던 달러를 약세로 전환해 미국의 수출을 원활히 해 미국 경제를 회복하려는 것이었다. 때문에 일본 엔화와 독일 마크를 포함한 주요 외화의 가치가 달러에 비해 크게 절상되었고 특히 일본의 수출 의존 경제에 큰 영향을 미쳤다. 그 결과 일본은 절상된 엔화로 해외투자와 부동산, 주식 버블이 일어나게 된다. 결국 1990년대 초반 거품이 꺼지며 그 이후 잃어버린 30여 년을 지금까지 보내고 있다.

비트코인이 달러를
대체할 수 있을까?

한동안 국제적 교환 매개, 즉 화폐 역할을 담당했던 금을 오일달러가 대체했듯이 달러를 대체하는 무엇 그리고 원유를 대체하는 무엇이 나온다면 오일달러 기축통화 체제는 재편될 것이다. 이런 맥락에서 필자는 오일달러를 대체할 만한 게 무엇이 될 지 계속 주시하고 있다. 또한 투자하면서 테일 리스크**Tail Risk**(일어날 확률은 낮지만 발생하면 그 영향이 지대한 사건들) 요인들 그리고 어느 순간 마주하게 되는 부정적 블랙스완의 전조들을 특히 중요하게 눈여겨 보고 있다.

그중 오일달러 대체재의 등장과 글로벌 위기 이 두 가지 이슈를 지속적으로 체크한다. 오일달러 체제가 유지되기 위해서는 달러의 교환 가치를 지켜줘야 하는데 이를 위해 대략 10년 주기로 전쟁이나 외환 위기 혹은 금융 위기 등이 발생하는 경향이 있기에 이 역시 모니터링하고 있다.

글로벌 위기를 보는 관점

10년 주기 위기 가설에서 한국은 1997년 IMF 외환 위기 만큼의 직격탄이 아닌 2008년 리먼 사태 수준의 간접적인 영향이라면 어떻게든 버틸 만하다는 게 필자의 생각이다. 그래서 한반도가 아닌 다른 나라에서 전쟁 혹은 금융 위기가 발생해도 한국이 직접적으로 연관이 되지 않는 선에서 넘어간다면 투자자 입장에서는 오히려 기회가 될 수 있다.

이런 관점에서 일어날 확률은 낮지만 발생한다면 개인은 물론 국가의 존속에까지 영향을 미치는 이벤트를 테일 리스크 요인으로 두고 다음 가우스 곡선에 표기하며 상황을 살피고 있다. 필자가 한번씩 그리는 가우스 정규 분포 곡선 모형의 기원과 맥락은 자산 가격에 영향을 끼치는 요인이 일어날 확률과 기대값(영향력)으로 구성되어 있다.

오일달러를 대체할 새로운 물결이 닥칠 경우 당장 파급이나 영향이 어디까지 미칠 것인지 알 수 없기에 분석하는 게 의미가 없을 수도 있다. 다만 새로운 쓰나미에서조차도 의식주에 근거한 투자(자

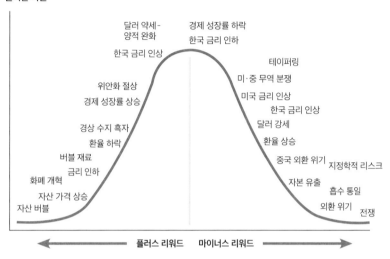

가우스 그래프

일어날 확률

달러 약세-
양적 완화
한국 금리 인상

경제 성장률 하락
한국 금리 인하

테이퍼링

미·중 무역 분쟁

위안화 절상
경제 성장률 상승

미국 금리 인상
한국 금리 인상
달러 강세

경상 수지 흑자
환율 하락

환율 상승

버블 재료
금리 인하

중국 외환 위기   지정학적 리스크

화폐 개혁

자본 유출

자산 가격 상승

흡수 통일

자산 버블

외환 위기   전쟁

◀———————— 플러스 리워드   마이너스 리워드 ————————▶

산)라면 버틸 수는 있다고 생각한다.

오일과 달러가 대체될 시기는?

원유를 대체할 만한 분야에서는 미국의 기업가 일론 머스크가 선두
에 서 있다. 테슬라의 전기자동차와 스페이스X의 우주 개발이 새로
운 시대를 열고 있다고 볼 수 있기 때문이다. 또한 CBDCCentral Bank
Digital Currency(중앙은행 디지털화폐)와 가상화폐가 달러를 대체할 수 있

으리라고 필자는 예상하는데 정부 주도의 CBDC와 민간 주도의 가상화폐 간 경쟁이 펼쳐질 것으로 보인다.

오일달러 체제에서 원유 대체 혹은 원유 무용이 된다면 미국은 달러 기축통화를 유지할 명분도, 필요도 없어질 공산이 크다. 그때 달러의 대안이 CBDC 혹은 가상화폐가 되리라고 필자는 보고 있다. 가상화폐를 투자 대상이 아닌 교환 가치를 지닌 무엇으로 본다면 시간의 문제이지 이미 널리 이용되고 있는 인터넷 쇼핑에만 사용된다고 하더라도 진면목이 나오리라고 생각한다. 다만 CBDC와 가상화폐의 힘겨루기 후 서로 적당한 영역을 분할하고 공생할 가능성도 있다고 보고 있다.

사실 가상화폐를 이런 방향으로 확장하려고 했던 것이 메타(페이스북)의 리브라Libra코인이었다. 칼리브라를 설립해 가상화폐 생태계 조성 로드맵까지 제시했지만 미국 국회의 강력한 저항에 막혀 잠정 보류되었다. 이후 명칭을 리브라에서 디엠Diem으로 변경하고 달러화 표시 스테이블Stable코인을 미국 및 과테말라에서 송금할 수 있는 파일럿 서비스를 시작했다는 소식을 끝으로 지지부진하고 있다 2022년 초 디엠에서도 손을 뗀 것으로 알려졌다.

CBDC의 또 다른 이슈는 중국이 적극적으로 CBDC로 변화를 이끌고 있다는 것이다. 이는 미국이 중국의 디지털화폐 선점을 어디까지 허용할지 또한 주요한 이슈다. 중국이 본격적으로 기축통화 전쟁에 참전하는 순간 미국의 디지털화폐 변환 로드맵이 재개될 수 있기 때문이다.

CBDC는 각국 중앙은행이 진행하고 있는 중앙집중형 가상화폐이고 탈중앙화 가상화폐는 민간 영역에서 발전할 것이다. CBDC와 가상화폐는 메타버스, NFT, 생성형AI와 함께 맥락을 이해해야 하고 이는 다소 방대한 기반 지식을 요구한다. 향후 경제 시스템에서 디지털화폐에 대한 이해가 없으면 투자 활동이 쉽지 않을 것임은 분명하다.

달러의 소진이라는 측면에서는 일론 머스크의 스페이스X 우주 개발이 경제 위기나 전쟁 등 부정적인 방법을 통해서가 아닌 새롭고 평화로운 방향으로 화폐의 교환 가치를 유지할 수 있도록 해줄 것이다. 재사용 가능한 우주선으로 우주 개발을 하는 데 얼마나 많은 돈이 투자될까? 재사용 가능하다는 의미도 어디까지인지 알 수 없다.

또한 우주 여행이 새로운 트렌드가 된다면 천문학적인 달러가 소진될 수 있는 신대륙을 개척하는 것이나 다름없다. 달이나 화성 개발과 연계되어 많은 자원이 동원될 것이고 이는 달러의 큰 수요처가 생겨나는 것과 같기 때문이다.

2018년 우주선 추진체 펠콘의 자동 귀한이 성공적으로 이루어진 동영상을 봤다. 무척 감격스러운 소식이었다. 이에 따라 당연히 우주 개발 비용을 획기적으로 줄였다는 이야기가 나오고 있다. 지금부터는 본격적인 우주 개발 시대로 접어든다고 봐야 한다.

우주 개발은 그야말로 꽃놀이패라 실패든 성공이든 달러의 소진을 가져오게 되어 있다. 아마 치열한 주도권 싸움이 벌어질 것이고 원유를 근간으로 한 진영과 원유 무용이 되는 기술을 가진 진영이 당분간 과도기적으로 대립할 것이다.

이러한 상황에서 한국은 어떤 대응 전략을 세워야 할까? 최악의 경우는 한반도에서 또다시 전쟁이 발발하는 것으로 이는 반드시 피해야 할 상황이다. 그 외에는 금융 위기 정도의 타격만 없다면 어떻게든 극복할 수 있을 것이다.

전기자동차가 대중화되어 원유의 가치가 하락한다면 미국의 대응을 예의주시해야 한다. 다행히 삼성, LG, 현대자동차 등 한국 기업들은 전기자동차 개발 및 관련 부품 생산 역량을 갖추고 있다. 그러나 한국 기업의 기술력만으로 글로벌 판도가 바뀌기는 어려울 테니 테슬라의 일론 머스크와 같은 혁신 리더들의 행보에도 주목할 필요가 있다.

기존 체제의 수혜자들은 변화에 저항하겠지만 역사는 도전과 응전의 연속이며 때로는 급격한 변화를 맞이하기도 한다. 탁월한 아이디어나 혁신적인 발명으로 인해 판도가 순식간에 뒤바뀔 수 있기 때문이다. 중요한 건 화폐나 원유가 궁극적으로는 의식주를 영위하기 위한 수단이라는 점을 잊지 않는 것이다. 전기자동차와 메타버스, 가상화폐 등으로 인해 혼란스러운 미래가 도래하더라도 의식주에 대한 수요는 변하지 않을 것이다. 이를 염두에 둔다면 어디에 어떤 투자를 해야 할지 중심을 잡을 수 있을 것이다.

오일달러는
무엇으로 대체될까?

원유 가격과 달러 가치

원유 가격과 달러 가치의 관계와 밸런스를 맞추기 위해 연준이 어떻게 금융 정책을 펼지에 관해 필자는 끊임없이 사색했었다. 일반적으로 연준이 기준금리를 내리면 달러 가치는 하락하고 유가는 상승한다. 반대로 연준이 기준금리를 올리면 달러 가치는 상승하고 유가는 하락한다. 코로나19 팬데믹 때 연준은 금리 인하와 양적 완화를 하며 유동성을 풀었고 당연히 달러 가치는 하락했다. 하지만 국제유가는 상승하지 않고 하락했다. 코로나19로 글로벌 경기가 침체되자 필수재인 원유 수요도 줄어든 결과였다.

오일달러 체제에 대한 내용과 유가와 달러의 상관관계 등 약간은 지엽적으로 보일 수도 이 점 하나하나를 연결해 그럴듯한 맥락으로 꿰어 필자만의 시나리오를 만들어 보도록 하겠다.

먼저 원유 가격과 달러 수요에 대한 생각 끝에 아래와 같이 경제 호황 혹은 경제 위기 국면에 상관없이 오일달러 수요가 밸런싱을 이루고 있음을 눈치채게 되었다. 글로벌 위기(금융, 외환, 전쟁, 팬데믹 등) 시 달러 수요는 늘어난다. 그리고 글로벌 호기(경제 성장, 긍정적 산업 변화, 획기적 발전 등) 시 유가 상승으로 달러 수요는 늘어난다. 필자가 늘 강조하는 가우스 정규 분포 곡선 모형 중 양방향(플러스 리워드, 마이너스 리워드) 이슈의 모든 기대값에서 달러 수요는 유지되거나 상승할 뿐 하락하지 않았다.

이는 양방향 리스크에 대한 지속적인 달러 수요 유지와 증가의 전제 조건(컨디션)이 원유 결제통화가 달러임을 의미한다. 이런 전제 조건 하에서는 어떤 상황에서든 달러 수요는 일정하게 유지되면서 점진적 상승까지 확정이다. 따라서 복잡 미묘한 글로벌 경제 속에서도 자연적으로 달러 수요 밸런싱이 맞춰지게 된다.

하지만 이런 달러 수요의 예외 상황을 만들어 낸 것이 2020년 코로나19 팬데믹 위기다. 사실은 의도적으로 예외 상황으로 몰아가지 않았나 싶기도 한데 왜냐하면 위기 극복을 위해 부작용을 알 수 없는 양적 완화를 지양하고 뼈아프지만 구조 조정을 통해 달러의 교환 가치를 유지할 수도 있었기 때문이다.

2020년 코로나19 팬데믹 하에서 글로벌 원유와 상품의 공급 및 수요 감소로 유가는 10년 기간 내에 최저가로 하락(디플레이션 요인)했었다. 반면 달러는 그렇게 풀어재꼈는데도 위기 시 증가하는 달러 수요 요인이 더 크게 작용해 각국 중앙은행과 금융기관들은 달러 부족에 시달린 상황이었다.

하지만 그 당시를 조금만 더 깊게 생각해보면 신용화폐 달러의 위기가 올 수도 있었음을 알 수 있다. 달러를 비롯해 각 나라의 종이돈이 무한대로 풀린 상태에서, 글로벌 경제가 축소된 채로 코로나19 팬데믹 상황이 종식된다면 원유와 상품의 낮은 가격과 달러 수요 최저라는 특이 기간이 분명히 존재할 수 있었다. 즉 넘쳐나는 달러는 종이돈에 불과하다는 실체가 입체성을 띠고 사람들에게 인식되는 시점이 도래할 수 있었다는 뜻이다.

2022년에 와서 왜 미국 연준이 미친 듯이 기준금리를 올려재꼈는지는 이런 맥락에서 생각해보면 자명하다. 연준 최고의 상품인 달러 가치를 어떻게든 유지해야 했기 때문이다.

이런 불 보듯 뻔한 달러 교환 가치 하락 국면을 막기 위한 몇 가지 전통적인 방법이 있다. 오일달러 수요 및 공급의 밸런싱이 무너질 경우 항상 위기가 도래했었고 다소 단순화하긴 했지만 다음의 시나리오 플랜에 크게 벗어나지 않는 상황이 전개되리라 보고 있었다.

달러와 원유 수요 시나리오 플랜

필자가 생각하는 달러와 원유 수요 시나리오 플랜은 다음과 같다.

1. **전쟁 상황:** 달러 수요 상승(강달러), 오일 수요 급상승(유가 급상승), 국가
   별 통화 약세

   → 달러 수요 폭발, 급격한 달러 소진, 급격한 국가별 통화 소진

   예시) 크림반도/대만/중동/극동(북한) 국지전, 중국 분리, 자연재해(화산
   폭발, 지진, 허리케인, 해일 등)

2. **경제 위기 상황:** 달러 수요 상승(강달러), 오일 수요 하락(유가 보합 또는 하
   락), 국가별 통화 약세

   → 달러 수요 증가, 완만한 달러 소진, 완만한 국가별 통화 소진, 양적 완
   화로 달러 및 각국 통화 유동성 급상승

   예시) 일부 국가 디폴트, 일부 국가 외환 위기, 일부 국가 금융 위기

3. **감염병 팬데믹 상황:** 달러 수요 상승(강달러), 오일 수요 급락(유가급락),
   국가별 통화 약세

   → 무한 양적 완화 결과로 달러 수요와 오일 수요의 밸런싱(둘 다 낮은 수
   요), 달러 소진 거의 없음, 국가별 통화 소진 거의 없음, 양적 완화로
   달러 및 각국 통화 유동성 급상승

   예시) 코로나19 거의 처음 사례

4. **경제 호황:** 달러 수요 하락(약달러), 오일 수요 상승(유가 상승), 국가별 통

화 강세

→ 달러 수요와 오일 수요의 밸런싱(둘다 높은 수요), 완만한 달러 소진, 완
   만한 국가별 통화 소진(원활한 수출입)

미국 셰일원유의 등장으로 국제 원유 가격 주도권이 점점 미국으로 넘어가고 있다. 러시아와 중동 등 OPEC+ 회원국들은 미국의 셰일기업을 경계하고 있지만 한동안 유가 급락을 막기 위한 감산에 적극적이지 않았다. 이는 시추 비용이 가장 높은 미국 셰일기업들의 몰락을 기다리는 모습이었다. 2020년 코로나19 팬데믹 초기에는 원유 선물 가격이 마이너스를 기록하는 초유의 사태가 발생했지만 수요 하락은 오래 지속되지 않았다.

그리고 미국은 2017년 트럼프 1기 정부 시절 기본적으로 약달러 국면(수출 유리)에서의 이득, 즉 미국 내 일자리 증가를 위한 스탠스를 보여왔다. 문제는 이런 기조가 트럼프 정부의 단기적인 스탠스가 아니라 뒤이은 바이든 정부 역시 인플레이션 감축법IRA으로 대변되는 보호 무역 정책을 펴면서 미국 내 일자리를 늘리려 했다는 점이다. 그런데 위 시나리오 플래닝 상 달러 약세 추세를 위해서는 원유 가격은 강세 추세여야 한다.

유가 하락과 달러 약세가 동시에 발생하면 오일달러 기축통화 지위가 위협받을 수 있다. 코로나19 팬데믹 동안 무분별한 유동성 공급으로 인해 달러는 약세를, 원유 가격은 수요 급락으로 하락했다.

현재는 양적 완화 출구 전략으로 인해 달러는 다소 강세를, 원유 가격도 다소 강세를 보이고 있다. 미국 연준은 약달러와 유가 약세보다는 강달러와 유가 강세가 신용화폐 시스템의 지속 가능성에 더 유리함을 인식하고 있다.

미국 연준 입장에서 절대 있어서는 안 되는 약달러, 유가 약세가 현실에서 일어날 수 있음을 코로나19 팬데믹을 겪으며 인식하게 되었다. 약달러와 유가 약세보다는 차라리 강달러와 유가 강세가 신용화폐 시스템이 지속가능하기에 더 좋은 환경임을 바로 앞에서도 언급했듯 연준은 너무나 잘 알고 있다.

사실 이러한 리스크를 선제적으로 제거하기 위한 미국의 전통적이고 가장 강력한 수단은 무력 행사였다. 그동안 이란과의 무력 대립은 중동의 많은 사변적인 리스크(리스크 피드백 루프)와 오일달러 교환 가치 하락 위기를 일거에 해결하는 효과가 있었다.

2022년 코로나19 팬데믹의 엑시트 무렵에는 크림반도를 둘러싼 러시아-우크라이나 국지전이 발발했고 이후 중동 지정학적 리스크도 터져 버렸다. 우연찮게 이후 달러와 유가가 동시에 약세를 면치 못했던 상황이 일거에 시나리오 플래닝 상 1번 전쟁 상황, 즉 달러와 유가가 동시에 강세로 전환되는 상황이 만들어진 셈이 되었다.

그리고 2022년 초부터 시작된 연준의 급격한 기준금리 인상은 2023년까지 이어지며 달러 강세의 정점을 만들어 버렸다. 1번 전쟁 상황에 더욱 강달러를 만들어 버린 것이다. 이러면서 가까스로 오일달러 신용화폐의 가치를 유지할 수 있게 되었다.

그런데 이런 신용화폐 가치를 유지하기 위한 전통적인 방식(무력이나 경제 위기 등)을 취하지 않거나 혹은 약하게 취하면서 오일을 대체할 무엇과 달러를 대체할 무엇이 동시에 나타난다면 이는 통화 체제 교체기가 되리라고 필자는 간주하고 있다.

각국의 희안한 결정들

코로나19 팬데믹 전 미·중 무역 전쟁이 한창일 때 테슬라(일론 머스크 전기자동차) 공장이 중국에 지어졌다. 중국 입장에서는 미·중 무역 전쟁 중이니 중국 내에 있는 미국 기업을 모두 몰아내도 모자랄 판에 오히려 테슬라를 받아들이고 중국은행에서 대출도 해주었다. 미국이 펄쩍 뛰지도 않았고 중국이 적극 반대하지도 않았다.

이것은 명백히 전략적인 접근법이었다. 중국 역시 오일달러 중 오일을 대체할 무엇, 즉 오일 대체의 가장 강력한 조짐이 자동차 연료의 변화임을 알고 있었다는 뜻이다. 중국은 테슬라가 잘 될지 망할지 혹은 미국(적국)의 상징으로 나쁜 놈인지 여부가 중요한 게 아니었다. 테슬라가 잘못될 경우 마이너스 옵션(대출금)을 걸고 딱 그 부분만 책임질 수 있도록 세팅했기 때문이다.

즉 테슬라가 실패하더라도 중국 내 은행 한 곳의 대출 미수금으로만 책임지게끔 해놓고, 테슬라가 성공하면 비대칭적으로 측정 불가능한 플러스 리워드에 대해서는 적극적으로 취하고자 하는 전략이다.

하지만 코로나19 팬데믹 이후 미·중 무역 전쟁은 전략 산업에 대한 미국의 금수 조치로 악화되었다. 미국은 반도체 산업에 대한 리쇼어링을 시도했고 한국의 삼성도 이에 동참해 미국에 대규모 투자를 예고했다. 2025년 1월 시작된 트럼프 2기 행정부에서는 이러한 기조는 더욱 심화되리라고 예상된다.

중국은 자국 내 기업을 주축으로 전기자동차 경쟁력을 높이고 있다. 이미 가격 대비 상당한 성능의 전기자동차를 대량 생산 및 판매하고 있다. 조만간 알리나 테무를 통해 중국의 전기자동차를 주문할 수도 있지 않을까 싶다.

또한 중국은 지속적으로 대만을 병합하려는 움직임을 보이고 있는데 이는 대만을 둘러싼 국지전 가능성을 높이고 있기도 한다. 향후 대만 지리적 리스크는 한국에 가장 영향을 크게 미치는 요인이

TIP   리쇼어링**Reshoring**

해외로 나갔던 기업들이 다시 자국으로 돌아오는 현상을 말하는데 이는 마치 독립했던 자녀가 다시 부모님 집으로 돌아오는 것과 비슷하다. 기업들이 비용 절감을 위해 해외로 나갔다가 여러 이유로 다시 본국으로 돌아오는 것이다.

되리라고 필자는 판단하고 있다.

오일달러 중 오일을 대체할 전기자동차에 대한 스탠스와 더불어 중국은 달러를 대체할 무엇을 디지털통화CDBC의 선점이라고 보고 2020년 무렵부터 디지털화폐 전환을 공식화하고 일부 도시에서 지속적인 테스트를 실시하고 있다. 여기에다 코로나19 팬데믹 상황 이후 떨어지는 신용화폐 가치를 생각하면 디지털화폐 개혁을 꼭 해야 하는 당위성도 부여됐다는 게 필자의 생각이다.

러시아는 2024년 10월부터 달러 기축체제인 SWIFT 결제 시스템 대신 암호화폐에 기반한 국제 결제 시스템을 새롭게 만들고자 하고 있다. 이는 글로벌 달러 수요에 타격을 주어 달러 가치를 훼손할 가능성이 높다.

현재 100여 개국 이상이 미국이 주도하는 친서방 경제 진영과 러시아·중국이 이끄는 친러시아 경제 진영 사이에서 중립적 입장을 취하며 양측으로부터 투자를 유치하려 하고 있다. 예를 들어, 인도는 서방의 투자를 통해 중국을 밀어내고 글로벌 제조 기지로 부상하려 하고, 멕시코는 서방의 보호 무역 조치를 피하기 위해 중국 기업을 적극 유치해 왔다. 러시아-우크라이나 전쟁 종료 이후 기축통화를 둘러싼 경제 진영 간 대립은 더욱 격화될 것으로 보인다.

디지털화폐CDBC 전환 관련해서는 탈중앙화 디지털화폐(가상화폐, 암호화폐)와 메타버스, AI의 득세를 들여다본 후에야 어떤 영향이 있을지에 대한 추론이 가능하다.

디지털화폐, 생성형 AI, 메타버스는
연결되어 있다

디지털화폐로의 전환은 단순히 달러 신용화폐를 대체하기 위한 수단에 그치지 않는다. 우주 개발과 맞먹을 정도의 가상세계에서 펼쳐지는 경제 활동을 위한 수단으로 디지털화폐는 정부 주도든 민간 주도(비트코인 등 가상화폐)든 반드시 필요하기 때문이다.

화폐로 표기되는 자산(부동산, 주식 등)에 투자하기 위해서는 실질적 화폐 가치에 대한 이해가 반드시 필요하다. 자로 책상의 길이를 재는 행위는 책상으로 자의 길이를 재는 행위가 될 수 있음을 명심해야 한다. 이 때문에 화폐의 형태가 달라짐으로써 일어날 화폐 유통의 변화가 자산 가격에 영향을 끼치는 것은 자명한 일이 된다.

메타버스와 챗GPT

2022년까지만 해도 새로운 물결은 단연 메타버스였다. 하지만 2023년 등장한 챗GPT를 위시한 생성형 AI가 모든 산업을 크게 흔들고 있다. 이런 새로운 기술과 트렌스를 맞이하기 위해 필자가 반복적으로 언급하는 방식이 있다. 자신이 아직 이해하지 못하는 무엇에 대한 접근 방법 중 가장 효과적인 것은 그 무엇 때문에 본인이 받을 영향, 즉 기대값을 살피고 이에 따른 전략을 다각도로 세우는 것이다. 전략 중 가장 손쉬운 방법은 바벨 전략이다. 90%의 리소스는 기존에 하던 일에 투여하고, 10% 미만의 리소스만을 새로운 일에 투여하는 방식으로 잃어도 되는 10%의 금액과 짜투리 시간을 투자해서 자기가 직접 경험해보는 거다.

한두 권의 책과 한두 가지 챗GPT 서비스의 체험만으로 너무나 방대한 생성형 AI 생태계를 이해하겠다는 것은 욕심일 뿐이다. 각자 하고 있는 분야에서 지금 바로 필요한 생성형 AI를 써보면서 개인적인 관점을 생성한 후 지속적인 모니터링과 활용을 통해 경험치를 올려가야 한다. 지속성이 담보되기 위해서는 우선 재미가 있어야 하고, 작더라도 자신이 몸담고 있는 영역에 활용할 수 있는 서비스로 시작하는 것이 좋다.

자신의 일에 직접 활용하면서 경험치가 쌓이는 것들은 다소 주관적인 기반이 되긴 하겠지만 끊임없는 사색을 통해 적합하게 생성형

AI를 활용할 수 있도록 그 폭을 넓혀줄 것이다. 이에 더해 관심 있는 분야의 콘텐츠를 챗GPT 등을 활용해 직접 생성해본다면 순식간에 생성형 AI 활용 방향성을 잡아나가는 데도 도움이 될 것이다.

생성형 AI 영역은 지속해서 진화할 것이다. 최종 진화 혹은 어느 임계점 이상의 발전을 이룬 생성형 AI 기술을 알아채기 위해서는 당장 본인에게 이득이 되지 않더라도 생성형 AI 기술을 삶에 조금씩 녹이며 각자에게 익숙한 영역으로 만드는 행위가 꼭 필요하다. 필자 역시 글을 쓸 때 AI 기술을 다양하게 활용하고 검증을 꼼꼼히 한다.

현재 메타버스는 처음 대두되었을 때보다는 그 주목도가 많이 낮아졌다. 하지만 여전히 가상 현실을 확장하기 위한 기술은 개발 중에 있다. 애플을 비롯해서 유수의 빅테크 기업들이 글라스와 웨어러블 디바이스를 만드는 데 지속적으로 투자하고 있다. 그러면 이런 가상 세계와 현실 세계를 이어주는 강력한 매개가 되는 게 무엇일까? 증강 현실을 위한 직접적인 디바이스(글래스 등)를 제외하면 바로 라이더(배달)와 디지털화폐다.

따라서 현재 주요하게 대두되고 있는 산업군 중 하나가 온·오프라인을 연결하는 배달 관련 물류 기업들이다. 온·오프 세계를 이어주는 커넥터이고 미국은 10분 내외 배송까지 내건 스타트업들이 생기고 있다. 아마존, 쿠팡 등 온라인 유통 플랫폼 역시 배달 영역에 진출하고 있다.

그리고 또 하나 주요하게 대두되고 있는 산업 영역이 디지털화폐의 활성화다. 사실 이미 디지털현금(신용카드, 페이 등)을 광범위하게 사용하고 있는 상황이지만 언택트 선호 시대에 더 적합한 결제 방식으로 변화할 것이다. 대략 현금→신용카드→페이시장→디지털화폐 및 탈중앙 가상화폐 순이 되지 않을까 싶다.

디지털화폐로의 전환

이렇게 메타버스와 AI를 기반으로 한 산업의 변화와 더불어 기존 화폐의 형태 전환이라는 점에서도 드라마틱한 변화를 예고하고 있다. 현재는 게임과 NFT 거래에 일부 민간 가상화폐를 지엽적으로 유통하는데 그치고 있지만 각국 중앙은행이 시도하고 있는 디지털화폐 전환이 언젠가는 반드시 실현될 수밖에 없다. 구글 등 빅테크들은 일부 자사의 서비스를 가상화폐로 결제 가능하도록 변화 중에 있다.

가상화폐를 정부 주도 디지털화폐와 탈중앙화 민간 가상화폐로 나누어서 현황을 잠깐 살펴보겠다. 이는 향후 메타버스로 통칭되는 새로운 산업군과 그 생태계에서 통용될 디지털화폐의 방향성을 알고자 함이다.

정부 주도 디지털화폐의 경우 전세계 중앙은행들이 이미 코로나19 팬데믹을 기점으로 자국 통화의 디지털화폐 전환을 준비하고 있었다. 특히 중국은 이미 상해 등지에서 프로토 타입을 실행 중이고

2023년 이후에는 중국 전역으로 중앙은행 디지털화폐를 적극 확대 및 적용하겠다는 계획이다.

한국의 원화는 위안화와 많이 동조되어 있다. 다만 중국의 위안화는 중국 정부의 고시대로 위안화 시세가 결정되지만 한국은 시장환율제라 변동 폭이 위안화보다는 큰 상황이다.

한국은 환율 안정 특히 외환 위기 리스크 헤지를 위해 역전된 한미 금리를 돌려 놓거나 최악의 상황, 즉 버블 붕괴 대비를 위해 지속적인 대출 제한 등이 필요하다. 만약을 대비해 금융기관이라도 살려야 하지 않겠는가? 물가 상승과 환율 불안이 지속된다면 외환 리스크 역시 점점 높아질 것이다.

이러한 한국의 상황에 대한 해결책으로 가장 강력한 수단 중 하나가 디지털화폐 개혁일 수 있다. 중국의 디지털화폐 전환과 다르게 한국은 리디노미네이션Redenomination이 포함되는 디지털화폐 개혁이 될 듯하다.

이제 민간 가상화폐 상황을 살펴보겠다. 한때 투자 대상으로 비트코인의 위상은 엄청났었고 인간 지표인 머스크 역시 비트코인의 전망을 밝게 보았었다. 하지만 필자는 지속적으로 현실 교환 매개 역할이 없다면 양적 긴축 시기에 가상화폐(코인)는 달러가 소각되어 공중분해 되는 첫 번째 영역이 될 것임을 분명히 언급했었다.

다만 교환 매개로써 가상화폐가 온라인 쇼핑에서 사용되기만 한다면 그 진가가 나올 수 있다는 입장이다. 여기서는 민간 가상화폐를 투자 대상이 아닌 교환 매개 역할에 초점을 맞춰 설명하겠다.

민간 가상화폐의 미래

여기, 두 가지 민간 가상화폐가 있었다. 하나는 페이스북이 오래전에 시도했던 리브라 로드맵으로 가상화폐 생태계를 만들어 각국 중앙은행 보다 높은 위상을 가지고자 했다. 하지만 연준이 바로 드랍해서 지금은 흔적도 없어졌다.

다른 하나는 알리페이와 위챗페이의 사례다. 중국의 대부분 상거래에 페이가 지불 수단으로 사용되고 있는 상황에서 갑자기 중국 정부가 알리페이의 앤트 그룹을 금융지주회사로 전환하고 중국 정부의 지분을 늘려 거의 공기업으로 만들어 버렸다.

이러한 중국 정보의 행동은 민간이 활성화한 가상화폐인 페이 시장을 장악하고 이미 사용자 경험이 넘치는 데이터를 바탕으로 중앙은행의 디지털화폐 전환을 전격적으로 실시하려는 계획으로 보였다.

이 두 민간 가상화폐 모두 중앙은행 이른바 기득권의 반발을 넘지 못했다. 그런데 전혀 새로운 접근도 있다. 메타버스(가상 현실)의 대표적 기업인 로블록스 내에서 쓰이는 가상화폐 로벅스 같은 접근법이다. 현실 화폐와 적정 환율로 환전이 가능하다는 엄청난 힘을 가지고 있고 아직 어떠한 반발도 없는 상황이다.

이쯤에서 한국의 상황을 살펴보자. 아는 사람은 알겠지만 네이버, 카카오, 쿠팡, 배달의 민족, SSG, 당근마켓, 컬리 등이 가상화폐혹은 페이 지불 수단을 론칭할 예정이거나 론칭했다.

하지만 해당 기업들은 가상화폐 이전에 페이 지불 수단을 먼저 확대하고 있다. 네이버페이와 카카오페이의 소액 후불 결제 기능과 확대는 카드의 소멸과 페이 시장 활성화를 가져올 것이고 이는 디지털화폐와 가상화폐를 본격적으로 도입하기 위한 과도기 시기를 만들 것이다.

"페이 시장을 잡는 자가 온·오프커머스와 금융을 잡는다" 혹은 "네이버페이로 항공사 비행기표를 산다" 등의 뉴스 기사가 종종 눈에 띈다. 페이의 이러한 활용 사례를 보면서 언젠가 반드시 구현될 디지털화폐를 미리 보완해야 할 것이고 더욱 중요한 것은 빅브라더 논란이 있겠지만 돈을 사용하는 데이터의 축적이 되리라는 점이다.

사실 국가 빅브라더 때문에 디지털화폐를 반대한다는 것은 좀 어불성설이다. 이미 거래 대부분을 카드, 페이, 인터넷 모바일 뱅킹으로 하고 있는 상황에서 국가가 마음만 먹으면 개인 정보는 다 털릴 수밖에 없다. 편리함 이면에 있는 정보 독점과 활용에 대한 규제를 정해야 하지만 디지털화폐 전환은 국가 빅브라더로 인한 부정적인 영향보다 비대칭적으로 훨씬 긍정적인 영향이 크다.

후불페이 시행에 있어 핵심적인 사항은 금융위원회에서도 필수적인 개인 신용 평가의 경우 '네이버와 카카오 등이 보유한 비금융 데이터를 바탕으로 자체 평가'에 맡기겠다는 것이다. 기존 금융권의 신용 평가 시스템이 못 잡아내는 방대한 데이터가 네이버와 카카오, 쿠팡에 있다는 반증이다.

디지털화폐 개혁을 위한 사전 작업으로 한국 역시 중국처럼 페이 시장이 활성화되고 있다. 하지만 민간 페이 시장의 끝은 중국과 같은 길을 걷지 않을까 싶다. 물론 중국처럼 인위적이고 강제적인 국유화가 아닌 정부의 디지털화폐 전환에 맞춰 서서히 사라지는 모양새가 되면서 민간 페이 시장은 생태계를 갖춘 일부만 민간 가상화폐로 넘어가리라는 게 필자의 생각이다. 과도기적인 성격의 제한적인 페이 시장이고 이후 정부의 디지털화폐로 지불 수단이 일원화될 무렵 네이버와 카카오, 쿠팡은 민간 가상화폐의 유통을 늘려갈 것이다.

정부 가상화폐와 화폐 개혁

이후 각국 중앙은행의 디지털화폐와 민간의 가상화폐가 각각 역할을 분담하면서 공존하게 되는 것이 디지털화·가상화되는 화폐(통화)의 종착역이 될 것이다. 각각의 역할을 추론해보자면 정부 디지털화폐 전환은 인프라 사업으로 국가 재정이 투입되고 투명성이 보장되며 자금 추적이 가능한 공식 통화로 자리매김할 것이다.

탈중앙화 민간 가상화폐는 양성화될 수 없는 검은돈의 은닉이 가능하고 익명성이 보장되며 투자 대상으로써도 역할을 할 것이라 판단하고 있다. 익명성과 거래의 초 간단함으로 민간의 가상화폐가 더 빨리 글로벌적으로 활용도가 높아질 수 있다. 환전에 따른 손익이 없어진다면 그 활용은 더욱 빨라질 것이다.

이왕 디지털화폐 개혁을 언급했으니 조금 더 자세히 맥락을 알아보겠다. 한국은 디지털화폐 전환 시 높은 확률로 리디노미네이션, 즉 화폐 개혁을 동시에 할 것이다. 아시다시피 리디노미네이션이란 화폐 개혁을 말하는 것으로 1,000원을 1원이나 1환 등으로 화폐 단위를 변경하는 것이다. 시대적 요구가 이미 리디노미네이션을 받아들이고 있고(메뉴판에 가격을 '5.0' 등으로 표기하는 경우 등), 경기 침체에서 물가 상승 부담 없이 관련 산업 진작이 가능하다.

특히 화폐 개혁은 자산 가격에 긍정적인 영향을 끼친다. 기본적으로 리디노미네이션은 신용화폐 가치를 높이는 작업이다. 즉 1억 원이 100만환으로 표기되는 식인데 여기서 착시가 나타나게 된다.

실물 자산 가치는 그대로인데 표기하는 화폐의 단위가 내려가다 보니 사람들의 머릿속에 적절한 가격이라는 생각이 스며들게 된다. 20억 원 아파트가 2,000만 원으로 표기되면 느낌이 다르다. 미국의 경제학자 대니얼 카너먼에 따르면 인간의 사고는 논리가 우선이 아니라 감정이 우선이라 이런 결과가 나온다고 한다.

이런 감정을 배제하고 논리와 이성을 계속 내세우며 투자를 해야 하는데 어느 정도 자산이 축적되면 본능적으로 감성이 편한 대로 움직이는 경향이 있다. 그래서 투자는 본질적으로 인문학 및 철학과 끈이 닿아 있다.

한국은행은 2021년 7월경 디지털화폐와 10만 원권 도입 찬반과 그에 따른 사용빈도, 용도, 리디노미네이션 등의 설문조사를 실시했다. 사실 리디노미네이션은 2019년부터 국회에서 논의되기 시작했으나 별다른 이유 없이 흐지부지 되었지만 코로나19 팬데믹을 통해 너무나 친숙해진 가상화폐, 비대면 페이 시장 등으로 디지털화폐 개혁에 대한 대중의 거부감이 가장 낮기도 했다.

그리고 2021년 8월 한국은행은 49억 원 예산의 디지털화폐 모의실험 사업에 카카오 블록체인 계열사인 그라운드X 컨소시엄(그라운드X, 삼성전자, 카카오뱅크, 카카오페이, 삼성SDS 자회사 에스코어)을 선정했고 삼성도 여기에 참여했다. 삼성은 스마트폰에 가상화폐를 담고 인터넷에 연결되지 않은 상태에서도 이를 사용할 수 있는지 여부를 실험할 것으로 알려졌다. 2022년 6월까지 2차 모의실험 사업이 진행되었고 디지털화폐 관련 리포트를 낸 상황이다.

한국조폐공사가 추친하는 '블록체인 기반 콤스코KOMSCO 신뢰 플랫폼'은 공공분야에서 안전한 지불 수단을 발급하는 사업으로 2021년 말 모바일 발급 등 시범 서비스를 시작했다. 조폐공사는 실물 화폐뿐 아니라 블록체인 기반 디지털 지불 수단으로 사업 확대에 나서고 있다. 신한은행은 한국은행이 디지털화폐를 발생할 경우 이의 원활한 유통과 사용을 위한 중개 기관이 필요할 것에 대비해 디지털화폐 플랫폼을 시범 구축 및 테스트하고 있다.

미국은 제롬 파월 연준 의장이 미국 중앙은행 디지털화폐 개혁에 관한 진행 여부와 방법에 대해 결정을 내리기에 앞서 이 중요한 문제에 대한 다양한 의견을 들어 참고할 방침이라고 밝혔다. 그리고 '국제 표준의 구축'이라는 측면에서 미국 당국이 주도적인 역할을 담당하겠다는 의지를 분명히 했다. 중앙은행 디지털화폐를 둘러싸고 중국인민은행을 비롯한 각국 중앙은행이 연구를 진행하고 있으며 표준화에 있어 미국은 중국에 다소 뒤처져 있다.

중국은 그동안 미국의 환율 조작국 지정 압박으로 어쩔 수 없이 위안화 강세를 선택했을 가능성이 높다. 이로 인해 지속적으로 미국채를 사들였고 오일달러 가치를 유지하게 만든 일등공신이 되었다. 그런데 이런 짓을 계속하다 보니 비대칭적으로 미국에만 너무 이득이 되는 화폐 메커니즘을 적나라하게 알게 되었고, 이를 중국에도 이득이 되는 방법을 찾다가 위안화 화폐 가치 상승(위안화 강세, 위안화 가치 절상)과 선도적인 중앙은행 디지털화폐 전환의 콜라보를 통해 모종의 계획을 진행 중이라고 필자는 판단하고 있다.

그 모종의 계획이란 바로 미국채 비중을 서서히 줄여 미국이 요구하는 약달러로 가면서 상대적으로 상승하는 위안화 가치를 통해 동아시아 지역의 기축통화를 노리고, 중앙은행 디지털화폐 전환을 통해 위안화 강세 추세(위안화 약세끝점)에 들어온 해외 자본을 감시해 선불리 위안화 약세 전환(위안화 강세 끝점) 때 먹튀할 수 없도록 하는 것이라는 게 필자의 생각이다. 하지만 미국의 급격한 기준금리 인상으로 위안화 역시 상대적으로 약세를 면치 못하고 있다. 게다가 중국의 기축통화 야심에 브레이크까지 걸고 있다.

미국의 경우 리디노미네이션까지는 모르겠지만 디지털화폐 전환은 염두하고 있는 게 분명하다. 특히나 민간 가상화폐와 메타버스, 핀테크 플랫폼 대두 등의 요인들이 이리 물리고 저리 물리면서 더욱 치열한 전장으로 변하고 있다.

메타버스와 생성형 AI 라고 통칭되는 새로운 산업 생태계의 태동으로써 초기에 많은 자본이 필요할 테고 더불어 새로운 화폐 형태인 중앙은행 디지털화폐와 민간 가상화폐도 필요하다. 비대칭적으로 한정된 분야, 예를 들어 게임과 디지털 아트 분야에만 자원이 집중된다면 디지털화폐는 범용적으로 활용되거나 가치를 인정받기 어렵다. 대부분 산업이 참여하는 인공 지능과 메타버스 생태계 조성은 이제 필수적이고 이는 전기자동차, 우주 개발 등과 맞먹는 산업 생태계 조정이 가능하며 투여된 자본의 크기가 커지면 커질수록 증폭하는 매몰 비용으로 인해 지속가능성이 탄탄하게 담보될 것이다.

금 vs. 부동산
인플레이션 대응의 승자는?

인플레이션과 금

신용화폐에 관해 이야기하면서 금 혹은 금 투자를 어떤 관점으로 봐야 하는지 언급하지 않을 수 없다. 대부분 사람이 금을 '인플레이션 방어가 되는 안전 자산'이라고 생각한다. 하지만 필자의 생각은 조금 다르다. 금은 재난에 가까운 위기에서는 절대적으로 강하다. 귀금속 형태라면 몸에 착용하고 다니다 유사시(전쟁 등) 한두 번 정도 목숨을 구해야 할 때 쓰는 게 가장 적합한 그야말로 '안전하기만' 한 자산이라는 게 필자의 생각이다.

즉 금과 현물투자, 금 선물투자 등을 이야기하지만 위에서 언급했듯 몸에 착용할 수 있는 금을 제외한 금괴 등은 신속하게 대피해야 하는 재난 상황에서는 들고 옮기기에는 무겁고 이동에 부담스러운 짐 덩이에 가깝다.

물론 금은 유동성이 확장되는 시기에는 적절하게 가치가 상승하며 인플레이션을 헤지하겠지만 월급쟁이라면 매수한 금을 믿고 유동성에 버틴다는 건 어불성설이다. 금은 유동성 확대를 온전히 받아먹어 부피를 키우는데 분명 한계가 있고 거래로 인한 매매 차익만이 실질적인 수익이 될 뿐 금을 보유하면서 현금 흐름을 얻기란 불가능하다.

정리하자면 부자들이나 현금 외 가치 저장의 선택지로 금과 달러를 병행 투자하는 것이지 월급쟁이가 매일 피땀 흘려 번 돈(자산)을 지키고 불리는 과정에서 금은 절대 금액(금의 양)의 부족과 양방향(버블기, 불황기) 리스크를 헤지하면서까지 자산 축적이라는 목적에 온전히 부합하는 자산은 아님을 명심하길 바란다.

인플레이션과 부동산

하지만 금과 달리 부동산은 기본적으로 필수재다. 물론 극단적 블랙스완인 전쟁 등의 상황에서는 부동산 역시 아무 쓸모가 없다. 하지만 금융 위기나 외환 위기 등 경제가 파탄 나는 상황에서도 사람들은 어디선가에서 반드시 거주는 해야 한다.

또한 한국에서 부동산은 매도하지 않은 상태에서 투자 원금을 회수할 수 있는 거의 유일한 자산이다. 필자의 예를 하나 들자면 서울 수도권 아파트의 경우 아무리 허접한 물건을 샀더라도 최장 7년 후 전셋값이 필자가 매수했던 가격이 되었었던 경험을 통해 이를 뼈저리게 느꼈었다. 귀납적 접근이긴 하지만 굳이 논리적으로 설명할 필요를 느끼지 못할 정도로 거의 확정적인 사례를 체험한 셈이다.

다만, 이는 신용화폐 특성에 따라 한국은행의 필수적 물가 상승을 위한 금리 조절 혹은 양적 완화의 결과로도 판단하고 있다. 돈의 값어치가 상대적으로 떨어진 것이지 자산 가치(매매, 전세 모두)가 상승했다고 생각하지는 않는다는 뜻이다.

이 때문에 필자는 위기 가능성이 희박해지고 유동성이 늘어나 금리가 내려간 상황에서는 대출을 공격적으로 활용해 주택 수와 현금 흐름을 늘리고, 위기의 냄새가 나면 일부 매도나 월세를 전세로 전환(매도와 유사한 효과)해 대출금 일부 상환 및 역전세 대비를 위해 현금 보유Stock를 늘려두는 방식을 취하고 있다.

필자는 2008~2009년 금융 위기 때를 아직 잘 기억하고 있다. 사실 운이 좋아 투자판에서 살아남을 수 있었지만 지금 복기해보면 한순간에 흔적도 없이 자산이 사라져도 이상하지 않을 상황이었다. 그리고 코로나19 팬데믹으로 인한 무한 양적 완화와 2022년 시작된 급격한 양적 긴축 상황을 생각해보면 위 문장이 얼마나 묵직하고 진정성 있는지 알 것이다. 유동성이 늘어날 때 실물자산을 축적하고 금리 인상 낌새가 보이면 다소 목표에 미치지 못하더라도 큰 욕심을 버리고 매도 후 현금을 보유하면 얼마나 많은 기회가 있었을지 상상도 못 할 것이다.

이런 자산 상승 및 하락 사이클에서 필자가 온몸으로 느낀 점이 위기 시(금융 위기, 외환 위기 정도) 수도권 택지지구 내 양호한 주거지의 낮은 가격(매매, 전세, 월세)대의 필수재에 해당하는 아파트의 임차 수요는 되려 늘어난다는 것이었다. 이런 까닭에 부동산 투자를 장기적으로 하고자 한다면 필수재인 아파트가 투자 포트폴리오에 깔려 있어야 한다.

이에 반해 강남 3구(서초구, 강남구, 송파구)의 아파트는 전셋값부터 떡락해 역전세를 크게 맞거나 혹은 사업자금의 경색을 버티지 못하고 급매나 경매로 크게 하락한 물건이 나왔었다. 필자 주변에서 필자를 포함한 그 누구도 2009년 5억 원대로 떨어졌던 잠실 신축 아파트를 감히 매수할 생각조차 하지 못했다.

위기 후 줍줍 투자를 위해 금과 달러를 쟁여두겠다고 하는 사람들이 있다. 하지만 일부 고수를 제외하면 하락기 때 정작 투자 물건을 줍줍할 수 있을 마인드는 어느 정도 경험치가 내재화되어 있지 않다면 불가능하다.

2009년 잠실 신축 아파트를 감히 살 생각조차 하지 못했듯이 말이다. 필자라면 최악의 상황인 전쟁을 대비해 금을 몸에 지니고 다닐 것이지만 금융 위기 및 외환 위기를 대비(혹은 이후 투자 기회)하기 위해 금괴를 쟁여두지는 않을 것이다.

몸과 마음이 소진되고 심장이 쿵쾅거려 스트레스가 극에 달한 상태에서 과연 제대로 된 매수를 할 수 있을까? 좋은 물건을 만났더라도 금과 달러를 현금으로 교환해야 하는데 교환의 수고스러움과 '금값이 더 오르지 않을까…?' 같은 고민 등이 크게 다가올 것이고 자산 가격이 이보다 더 떨어질 것 같은 무서움에 투자 기회로부터 도망칠 명분과 자기 합리화만 할 가능성이 크다.

간단한 사고실험을 해보면 쉽게 알 수 있다. 2022년 말 부동산 시장이 폭락해 30억 원이던 강남 아파트가 20억 원으로 급락했다. 그런데 해당 아파트의 10년간 과거 시세를 보니 2016년쯤 시세가 10억 원이었음이 파악되었다. 과연 매수가 가능할까? 주택의 적정 하방 지지 가격은 금리와 물가를 통해 유추할 수밖에 없고 유추하더라도 어느 정도 시간이 지나가야 저점임을 인지할 수 있다.

전쟁을 제외한 대공황과 리세션, 외환 위기 및 금융 위기가 있더라도 어느 정도 현금을 보유한 채 살아남기만 한다면 당연히 또 다른 기회가 눈앞에 펼쳐질 것이다. 하지만 금을 안전자산이랍시고 다량 보유하고 있다면 매매의 수고스러움 등이 겹쳐 좋은 기회를 놓칠 가능성이 높다.

인플레이션과 화폐 개혁

금이 신용화폐에 교환 매개의 주도권을 넘겼듯 신용화폐 또한 수명이 영원하지는 않을 것이다. 그러니 세상 속 세상이 될 메타버스에서 교환 매개의 주도권을 잡게 될 디지털화폐 전환 및 개혁 또한 언급하지 않을 수 없다.

리디노미네이션을 수반한 디지털화폐 개혁은 최저 임금 인상과 같이 너무나 올라버린 자산 가격을 받아들이게 해 그로 인한 산업 수요가 발생하고 내수 활성화로 인해 인플레이션을 유발할 것이다. 또한 디지털화폐 개혁은 구화폐와 교환 기간이 유한할 것이고 이에 따라 출처 미상의 자금들이 자산 시장으로 몰리거나 자금 출처를 우려해 소진하려는 시도가 있을 것이다. 게다가 리디노미네이션으로 인한 물가 상승 효과도 충분히 있을 법하다.

예를 들어, 북한의 화폐 개혁 당시 북한 종이돈의 교환 가치를 보존하려는 수단으로 달러라이제이션dollarization 즉, 북한통화를 달러로 교환하려는 수요가 극에 달했었다. 마찬가지로 글로벌 디지털화폐 개혁 시 금 및 실물라이제이션이 충분히 도래하리라고 본다.

2022년부터 지금까지 물가 상승이 극심한 상황이다. 양적 완화 초입부터 언급했지만 비전통적 통화 정책인 양적 완화의 리스크는 출구 전략을 해본 경험이 없기에 어떤 부작용이 있을지 알 수 없다.

'양적 완화로 인한 초인플레이션을 누르기 위해 각국의 금리를 인상하면 되지 않을까?' 하고 생각할 수도 있다. 하지만 급격한 금리 인상은 해당 국가의 기업과 국민이 버텨낼 수가 없고 회복하려고 하는 각국의 내수경제를 다시 금융 위기로 내모는 격이 될 수도 있다.

2022년 미국 연준의 급격한 금리 인상으로 미국뿐 아니라 글로벌 밸류 체인에 있는 대부분 국가가 경기 침체를 우려하게 되었다. 그리고 급속한 금리 인상을 시행하더라도 코로나19 팬데믹 시즌에 풀린 종이돈 회수는 불가능하다. 이미 다른 자산(주로 실물자산인 부동산, 주식, 금 등)으로 파킹되어 있을 것이기 때문이다.

하지만 자산들은 유동성 위에 떠올려져 가격이 상승했기 때문에 유동성이 흡수되어 내려가면 당연히 자산 가격 또한 하락하게 되는 것이 순리이다. 이런 교착 상태에서 빠져나오려는 방안 중 하나가 디지털화폐 개혁이 될 수 있다. 특히 중국의 경우 전 세계에서 가장 디지털화폐 전환에 적극적이다.

사실 중국은 통화 패권 장악을 위해 디지털화폐 전환을 서둘러 새로운 통화 생태계를 조성하는 것처럼 보인다. 미·중 무역 1단계 합의문과 그 과정을 보며 필자는 미국의 오일달러 체제를 종식하기 위한 큰 그림에서의 중국 역할을 보게 되었는데 중국은 딱 디지털화폐 전환 프로토 타입을 돌리는 역할까지가 아닐까 생각한다.

중국은 언젠가는 일본식의 위안화 절상을 하지 않을 수 없다는 사실을 인식한 듯하다. 그래서 자유변동환율제 혹은 관리변동환율제를 통해 위안화를 절상할 수도 있지만 디지털화폐 전환이라는 해법을 통해 살을 주고 뼈를 튼튼히 하는 전략을 취한다고 보고 있다.

기왕 위안화를 절상한다면 국내 자산 버블과 위안화 강세 끝점에서 환차익을 보며 탈출하는 해외 자본의 이득을 허용하더라도 판을 뒤집는 방식으로 기축통화의 진입 교두보를 만들려고 하고 있다. 필자가 미국의 전략으로 봤던 가상화폐의 전격적 활용을 중국이 먼저 선수를 치려고 하는 것이다.

나아가 일정 지역과 범위(아시아권 정도)에서 기축통화로 세팅까지 된다면 시뇨리지 효과로 인해 내수경제 폭발의 시너지가 있을 것이고 이는 중국 내 자산 버블과 위안화 강세 끝점에서 취할 해외자본의 이득을 상쇄하리라고 분석한 것 같다는 생각도 든다.

미국 역시 민간 가상화폐와 디지털화폐 전환 주도권을 두고 싸우고 있으면서 대중이 종이돈을 눈치채지 못하게 하는 데 역량을 동원하고 있는 사이 중국과 또 다른 기업들(구글, 로블록스, 스타벅스 등)이 스리슬쩍 디지털화폐 전환을 위한 생태계를 조성하고 있다.

이처럼 화폐의 형태 변환은 투자자라면 투자의 방향성 전환을 위해 가장 촉각을 곤두세워 탐구해야 할 요인임이 틀림없기에 금과 디지털화폐까지 언급해봤으니 이러한 내용을 꼭 기억해 투자 지식으로 습득하길 바란다.

HOW WINNING
INVESTORS
THINK

3장

대출을 지렛대로
활용하자

TIMING

대출을
무작정 무서워하지는 말자

〈2장 화폐를 이해하자〉에서 언급한 신용화폐 관련 글들은 필자가 생각하는 경제 세계관을 빌드업하는 기본적인 글들이기 때문에 꼭 내용을 완전히 습득한 후 다른 글들을 읽으면 훨씬 이해하기 쉽다는 점을 알려드린다.

이번 장에서는 대출, 즉 레버리지를 보는 필자의 관점과 활용법을 공유하고자 한다. 특히 필자가 2019년 세웠던 최악의 고금리에 대한 생각과 대출 기준을 살펴보면 어떻게 해야 과감한 투자를 할 수 있고 위기 때 살아남을 수 있는지 감을 잡을 수 있으리라 생각한다.

월급쟁이가 대출을 보는 관점

2019~2020년 무렵 필자는 고금리 시대를 대비해야 한다고 주장하며 대출을 일으키는 원칙과 금리 인상기 대비의 중요성을 강조하는 글을 포스팅했다. 당시에는 꽤 많은 비난을 받았지만 지금 와서 보면 투자 세계에서 살아남기 위한 유용한 전략이었음을 알 만한 사람은 알 것이다.

신용화폐 시스템을 어느 정도 이해한다면 화폐 공급량이 늘어날 때 화폐 가치 하락은 필연적이며 이는 자산 가격이 상승하는 것처럼 보이게 한다는 사실을 인지할 수 있다. 화폐가 쓸모없는 종잇조각이 되어가는 상황에서 월급쟁이들은 손가락만 빨고 있어서는 안 된다. 오히려 가치가 떨어지는 화폐를 최대한 많이 모아 필수재 속성을 지닌 실물자산, 특히 부동산에 투자해야 한다. 이를 위해 보유 자금에 더해 은행 대출까지 활용하여 과감하게 실물자산을 확보해야 한다. 이러한 행동을 하기 위해서는 대출에 대한 이해가 반드시 선행되어야 한다.

필자는 경영학을 전공했는데 상경계열 전공자는 회계를 필수로 배운다. 회계원리 첫 페이지에 나오는 공식이 있다. '자산=(자기)자본+부채'. 사실 누구나 아는 공식이다. 하지만 필자는 자산이 자기자본과 더불어 '부채의 합'이라는 개념을 현실에서 이해하는 데 상당히 오랜 시간이 걸렸다.

애초에 월급쟁이가 인식하는 부채(빚)와 사업가가 인식하는 부채의 개념은 서로 다를 수밖에 없다. 사업가는 레버리지(대출)를 이용하지 않으면 잉여 이익이 만들어질 수 없음을 전제로 기업을 운영하지만, 월급쟁이가 이를 이해한다는 건 애당초 불가능할 수도 있다. 따라서 월급쟁이가 이런 이해 없이 투자판에 뛰어드는 것을 추천하지는 않지만 레버리지(대출) 없이 급여만으로도 유동성의 확대(양적완화, 인플레이션 등)를 버텨낼 수 있다고 말하는 것도 어불성설이다.

그러니 투자를 시작하려는 월급쟁이라면 화폐, 특히 신용화폐의 속성을 빨리 파악하고 헤지하는 것이 투자에서 첫 번째로 깨달아야 할 진리임을 명심해야 한다. 월급쟁이를 유지하며 투자하는 것을 전제로 한다면 이 화폐의 속성을 적극적으로 수용하고 부채를 적절히 활용하여 시중에 통화량(돈)이 더 늘어나기 전에 선제적으로 실물자산을 보유해야 한다. 그런데 왜 월급쟁이는 대출에 대한 근원적 불안감을 떨칠 수가 없을까?

정부가 대출을 보는 관점

그건 정부가 우리에게 주는 대출에 관한 시그널이 대부분 부정적이기 때문이다. 게다가 이런 인식이 깊게 뿌리 박힌 부모님 세대가 대출이라면 치를 떨기 때문이기도 하다. 사실 정부 입장에서는 금융 시스템 리스크를 줄이기 위해 예측 불가능한 부정적 요인들을 아예 없애고 싶은 것이라 이해가 되기도 한다.

그렇지만 양적 완화 시기에 유동성이 늘어난 부분에 대한 근원적 위기감을 정부가 인지하고 가계 대출 증가에 대응하고자 한다면 한국에서는 전세자금대출을 무조건 축소해야 한다. 주택담보대출도 위험한데 채권 혹은 질권일 뿐인 그것도 주택담보 가치에 기인한 전세자금대출은 더더욱 위험한 대출이 될 수밖에 없기 때문이다.

하지만 그동안 어떤 정부도 전세자금대출 축소를 시도하지 않았다. 총부채원리금상환비율DSR이 시행되고 있지만 전세자금대출의 경우 이자 상환 비용만 부채에 포함되어 규제가 사실상 없는 것과 다름없다. 만약 전세 금액별 전세자금대출 제한 등의 규제가 실행된다면 전세 가격 상승기에는 서울의 높은 전세금으로 인해 일부 세입자들이 수도권으로 이주하는 것이 트리거가 되어 도미노처럼 수도권 전역의 전세금 상승과 이에 따른 매매가 상승을 촉발하는 정책이 될 것이다. 갭 메우기가 가속화되는 것이다.

전세 가격 하락기에는 이미 고가 전세 수요가 낮아진 상황인데 이를 더욱 부채질해 전세 가격 및 매매 가격 하락을 가속화할 것이다. 정부의 대외적 워딩과 속내가 다른 상황인 것이다. 유동성이 늘어나는 시기에 대출 규모의 확대는 너무 우려스럽지만 주택담보대출 부분은 위험하지 않다는 속내를 전세자금대출 규제 약화 혹은 없음으로 눈치채야 한다. 다만 주택담보사업자대출 또는 신용에 근거한 운영 자금 및 유동성이 줄어드는 시기에 생활자금대출이 문제가 될 수 있음은 인지하고 있어야 하고, 이런 대출이 트리거가 되어 금융에 전반적인 위기가 될 수 있으니 지속적인 모니터링 또한 필요하다.

서울의 투기 지역과 투기 과열 지역에 대한 주택담보대출 규제는 다분히 리스크 관리 차원의 조치다. 한계 사업자의 생활 자금으로 쓰이는 주택담보대출을 최소화하고 1주택 실거주자라 하더라도 블랙스완급 외부 경제 충격 시 최소한 금융기관의 부실화를 방지하는 수준으로 대출 규제를 시행하고 있을 뿐이다.

투자자라면 이러한 대출 리스크를 낮추려는 정부의 입장을 먼저 이해해야 한다. 그리고 전세라는 한국 특유의 주거 형태가 집주인, 특히 다주택자에게 얼마나 유리한 투자금 회수 수단인지 깨닫는다면 이후 부동산 투자는 복사 및 붙여넣기에 불과하다는 사실을 알게 될 것이다.

대출, 너무 쉽게 생각하지도 말자
다 계획이 있어야 한다

레버리지(대출)에 대한 긍정적 마인드를 세팅했더라도 제일 하기 어려운 판단은 도대체 어느 정도가 적절한 수준의 대출인지에 대한 기준이다.

적절한 대출 기준

적절한 부채에 대한 기준은 개인 재무 상황 및 경제 환경에 따라 각각 다른 게 사실이다. 그리고 양털 깎기에 준하는 경제 위기 상황을 겪어보지 않았다면 낙관적 예상이 지배적이기 때문에 그 자체로 위기에 취약할 수밖에 없다.

이런 취약성에 대비하기 위해서는 한국에서 일어난 가장 최악의 위기를 준거로 삼는 게 제일 안전하다. 바로 1997년 IMF 외환 위기다. 하지만 월급쟁이 대부분이 IMF 때의 부채 상환 압박과 이자율에 준거한다면 대출을 활용할 여지는 '0'이 되어버릴 것이다.

그러니 현금을 총 부채의 몇 % 정도로 항상 보유하면서 임대수익이 발생하는 자산에만 대출을 하겠다는 룰을 만들고 지킨다면 그러한 행위 자체가 건전한 재무 상태를 유지할 수 있게 강제하는 규제가 되지 않을까?

물론 이것도 쉽지 않다. 투자를 가열차게 해 돈을 실물자산으로 바꿔놔야 하는 유동성 확대기에 현금 보유 룰을 지킨답시고 돈을 들고 있을 수만은 없다. 그리고 현금이 왕인 유동성 축소기에는 총대출의 30% 정도로 정해진 현금 보유 룰 이상의 현금을 쟁여놓고 기회를 엿보기도 해야 한다. 이 모든 것은 다양한 경제 환경에 따른 운영의 묘에 좌우된다. 탁월한 운영의 묘는 경험에서 비롯됨은 두말할 필요가 없다.

대출 이자율과 부동산 수익률의 상관관계

적절한 부동산 매수를 위한 필자의 기준은 수익률 추계시 대출이 없다는 가정하에(추산을 빠르게 하기 위함) 월 5%(연 6%, 1%는 유지 관리 비용으로 간주) 정도 수익률이면 금리가 인상하더라도 큰 문제는 없을 것으로 판단한다.

이는 서울 수도권 비핵심지 아파트 월세와 상업용 부동산에 적용되는 기준이다. 서울 핵심지 아파트는 이미 사치재 및 지위재 성격을 띠기 때문에 마치 경영권 프리미엄처럼 웃돈이 붙어 있는데 이는 연 월세 수익률이 2% 내외다. 따라서 이를 역산하면 얼마 정도의 프리미엄이 붙어 있는지 계산할 수도 있는데 거의 고정 상수처럼 월 5% 수익률 룰을 적용할 수 있다. 구체적이고 합리적인 근거는 바로 아래 내용을 참조하길 바란다.

5% 상수 수익률 고정 이유

- 연준 물가 상승률 목표치 = 연준 기준금리 = 2%
- 한국 기준금리 = 연준 기준금리 + 1%
- 한국 기준금리 3% + 한국 부동산 수익률 2% = 5%

이는 2004년 첫 부동산 매수 이후 쭉 계속된 필자의 개인적인 기준이다. 당시 대출금리는 5% 내외였다. 2020년 제로 금리 때 수익률 5% 부동산은 없었다. 필자는 그때부터 부동산 매수를 중단하고 모니터링만 하고 있다.

금리에 따라 차이는 있지만 대출을 받으면 수익률은 5% 이상이 되어야 한다. 금리가 5%를 넘어가면 수익이 줄어들거나 없어질 수도 있겠지만 월급쟁이라면 이 정도는 감내할 수 있으리라고 생각해 판단한 기준이다.

2022년 들어 급격한 기준금리 인상으로 변동대출금리가 한때 7% 내외까지 올라갔다. 이럴 때는 월 수익률이 대출금리보다 높아지기 위해 부동산 가격은 내려가고 월 임대료는 올라가길 추가 투자 없이 조용히 기다리면 된다.

만약 자산을 추가적으로 더 보유하고 있다면 금리 인상이 막 시작되어 화폐 가치가 높아지는 초입에 자산을 매도해 다량의 현금 보유 및 대출 일부 상환을 할 수 있다면 금상첨화다. 이런 작업을 실행하기 전에 각자 재정 상황에 따라 엑셀에 금리 인상 추세, 월 대출 이자, 월 현금 흐름 등을 넣고 돌려보면서 자기가 어느 정도까지 버텨낼 수 있는지부터 파악해야 한다.

필자는 2019년경 한국금리가 향후 외환 상황과 경제 상황에 따라 최대 7%까지 오를 수 있을 것으로 보았다. 당시는 코로나19 팬데믹 대응을 위한 무한 양적 완화 이전이었지만 금융 위기 이후 지속된 소규모 양적 완화의 막바지이기도 했다.

금리 천장을 7%로 예상한 근거는 향후 한국에 닥칠 수 있는 최대 이벤트인 통일을 고려하여 독일 통일 과정에서의 금리를 참고한 수치였다. 최악의 금리 인상 시나리오에 대비한다면 중간 수준의 금리 인상 리스크는 자동으로 대비된다.

독일은 통일 후 4~5% 정도 기준금리가 올랐는데 당시 한국금리 2%에 최대 5% 정도 더해 기준금리가 7%까지 오를 수 있다고 본 것이다. 근거는 다소 부족한 추론이었지만 최악의 경우를 시뮬레이션해보고 본인이 그러한 상황에 부닥쳤을 때 견딜 수 있을지 체크해본다는 차원에서 분명히 의미가 있다.

한국과 미국의 기준금리

하지만 당시 이런 이야기를 하면 비아냥을 더 많이 들었었다. 그러나 이후 코로나19 팬데믹으로 제로 금리가 2년 정도 지속되자 누구도 금리가 높았던 시절이 있었다는 걸 상상도 하지 못하는 지경에까지 갔었다. 알다시피 2022년 들어 양적긴축이 진행되면서 급격한 기준금리 인상이 진행되었다. 2025년 2월 기준 한국의 기준금리는 2.75%이고 대출금리는 이보다 2~3% 더 높다. 이때 신용화폐에 대한 이해와 적절한 대출에 대한 기준이 없다면 팔리지 않는 부동산과 미친 듯이 올라가는 대출이자 때문에 멘붕 상태에 이르는 건 시간문제였을 것이다.

일반적으로 한국금리는 미국금리를 추종하는 경향이 있다. 달러는 신용화폐 중 유일하게 원유 거래의 실물 기반인 기축통화다. 원/달러 환율은 달러 가치와 연동되므로 미국 연준의 기준금리 인상으로 달러 가치가 상승하면 한국도 이를 주시하지 않을 수 없다.

그동안 미국과 한국의 금리 차이는 1~2% 정도였다(최근 한국금리가 미국금리보다 낮은 건 예외적인 상황). 그러니 투자자라면 미국금리와 환율을 모니터링하면서 이를 기준으로 삼아야 한다. 당시 필자는 미국 기준금리가 5%까지 오르고 한국 기준금리도 환율 방어를 위해 인상될 경우 최대 6%까지 오를 것으로 보았다.

금리에 따른 매수 타이밍

이제 금리를 부동산 매수 타이밍을 재는 요인으로 한번 살펴보겠다. 시중 대출금리가 7% 정도인 금리 최고점에서 덩치가 큰 큰 수익형 부동산을 매수할 경우 높은 확률로 향후 저금리가 예상된다면 단물을 맘껏 즐길 수 있다. 이자가 줄어들어 갑자기 월 현금 흐름이 증가한 것과 같은 결과가 나오기 때문이다.

반대로 향후 금리가 더 높아진다면 이자가 늘어 월 수익률이 낮아질 것이고 매도하기 위해서는 수익률이 금리보다 높아지는 지점까지 매도 가격을 낮추어야 거래가 가능하다. 분모인 자산 가격이 낮아지면 수익률은 개선된다.

하지만 시중 금리가 최고점일 때 매수한 이들은 상당한 금리 인상에도 버틸 수 있다. 혹시 모를 외환 위기급 상황에만 대비하면 된다. 추가로 일정 비율의 현금을 안전자산으로 보유하는 것도 필요하다. 이러한 대출에 대한 이해와 금리 인상에 대한 나름의 기준이 있어야 투자 시 어느 정도 수준에서 대출을 받아야 할지 감을 잡을 수 있다. 보통 필자는 자산(순자산+부채)의 30%를 넘지 않는 선에서 대출을 받고 대출금의 30%는 유동성(현금+마이너스통장)으로 확보한다. 자산이 10억 원이라면 대출은 3억 원 이하로, 현금은 1억 원 정도 보유하는 식이다. 위기 때 급박한 대출 상환 압박이 있더라도 첫 번째 충격을 어떻게든 버티면 정신을 가다듬고 다음 충격에 대비할 수 있다.

이처럼 자신만의 자산 관리 기준이 있어야 최악의 상황에서도 정신을 붙들고 상황을 따져볼 수 있다. 그리고 확보한 현금Stock은 다주택자에게 최악의 상황인 역전세 스트레스에서도 버틸 수 있게 해 결과적으로 투자 자체에 회의감이 들지 않게 해준다.

보수적인 축에 속하는 필자의 주관적인 투자 사례를 이처럼 자세히 언급한 이유는 각자의 상황, 중요성, 시점(주로 나이)에 따라 여러 기준이 다르게 세팅되어야 한다고 생각하기 때문이다.

사실 이런 것들을 말과 글로 배우는 데는 한계가 있다. 손해 보지 않을 만한 부동산을 매수하여 각자의 경험치를 쌓고 자신의 경험에 비추어 투자 선배들의 글을 내재화하면서 성장하기를 추천한다.

무조건 받아서 들고 가야 하는 대출과 의미

투자를 하기 위해서는 어느 정도 종잣돈을 모아야 하는 고난의 행군 기간이 있어야 한다. 그런데 이 고난의 터널은 감당 가능한 기간과 수준이어야 한다. 그러기 위해서는 전반적인 삶의 목표를 정하고 너무 심한 과욕에서 벗어날 필요가 있다. 그리고 이 모든 행위가 일시적인 이득을 위해서만 몰입되어서도 안 된다.

갚아야 할 대출과 갚지 않아야 할 대출

특히 대출의 경우 많은 투자자가 최대한 길게 대출을 가지고 가려는 습성이 있다. 일단 담보가 되는 물건이 매도가 되면 대출은 자연스럽게 정리가 되는 부분이라 이렇게 생각하는 편이 일견 맞을 수도 있다. 하지만 긴 시간에 노출되면 취약성 또한 커지기에 예상치 못한 위기의 트리거가 되기도 한다. 2022년부터 시작된 급격한 금리 인상으로 구체적이고 입체적으로 대출이자 연체라는 취약성이 커질 수 있음을 대부분 사람이 알게 되었다.

따라서 다소 금리가 높더라도 고정금리로 원리금 균등 상환이든 체증식 상환이든 예측 가능하고 신뢰도가 높은 대출 상품을 받아두는 것은 여러 사변적인 리스크를 해결하는 좋은 방안이다. 2015년쯤 필자는 3% 내외 1억 원 주택담보대출을 안심전세대출로 전환한 적이 있다. 하지만 알다시피 이후 금리가 지속적으로 하락해 2020년쯤에는 제로금리가 되었다. 그 당시 부담은 별로 없었지만 아깝게 3% 대출이자를 낼지 낮은 대출로 갈아탈지 고민을 했었다.

결국 필자는 원리금 균등 상환(30년)이니 보험 든 셈 치고 자동이체를 걸어둔 후 아예 기억에서 지웠다. 그 결과 2022년 급격한 금리 인상에도 해당 대출은 여전히 신경 쓰이는 것 없이 조금씩 줄어들고 있다. 만약 예측 가능한 고정금리형 대출이 아예 없거나 어느 정도 현금 보유가 없다면 이런 대출 이자 상승 건 하나하나가 엄청난 충격으로 다가올 수밖에 없다.

그리고 정책 대출이 아닌 은행 및 보험사에서 받은 고정 금리 대출의 경우에는 약관에 경제 환경 변동성이 급격한 상황에서는 금리 인상이 가능하다는 점을 깨알같이 적어놓고 있다. IMF 외환 위기 때 은행들은 고정 금리 대출에도 금리 인상을 통해 파산을 면해보고자 했었다. 즉 이러한 일들은 언제든 일어날 수 있음을 기억하자.

정책 대출을 받아야 하는 이유

따라서 정책 대출을 적극적으로 활용해서 여러 가지 개인 재무 변동성을 줄이는 것을 추천한다. 아래 정책 대출 중 '특례보금자리론'과 '디딤돌대출' 정도를 짧게 소개하겠다.

먼저 안심전환대출과 적격대출, 보금자리론을 통합해서 나온 것이 특례보금자리론이다. 자격만 된다면 이런 정책 대출 상품은 고민하지 말고 신청하는 편이 리스크와 스트레스를 줄이는 길이라는 점을 강조하고 싶다.

기존 보금자리론의 6억 원 이하 주택 기준을 9억 원으로 확대(KB 시세 기준)했고 대출 한도 역시 기존의 3억 6,000만 원에서 5억 원으로 확대했다. 기존에 있었던 연소득 7,000만 원 제한을 아예 없앴고 총부채원리금상환비율에도 적용되지 않는다.

다음 웬만하면 받아야 할 또 다른 대출로는 디딤돌대출이 있다. 생애 최초로 평가액 5억 원 이하 주택을 매수할 경우 고정금리 3% 이하 최대 3억 1,000만 원까지 대출이 가능하다. 디딤돌대출의 핵심은 한번 디딤돌대출을 받은 후 실거주 1년만 채우면 2주택 이상이 되어도 별도 상환 의무가 없다는 점이다. 이 정도면 생애 첫 주택을 마련하고 싶은 20~30대를 위한 치트키라고도 볼 수 있으니 첫 주택을 구입하려는 사람이라면 무조건 활용해야 하는 대출이다.

반면 보금자리론의 경우 2주택 이상이 되면 1년 내 상환 의무가

특례보금자리론			
구분	보금자리론	특례보금자리론	디딤돌대출
주택가격 한도	6억 원 이하	9억 원 이하	5억 원 이하
소득 제한	부부 합산 연소득 7,000만 원 이하	소득 제한 없음	부부 합산 연소득 7,000만 원 이하
대출 한도	최대 3억 6,000만 원	최대 5억 원	최대 3억 1,000만 원
LTV	최대 60%	최대 70% (생애 최초 80%)	최대 70%
금리	변동	4.65~5.05% (우대금리 적용 가능)	3% 이하 (고정금리)
DSR 적용	적용	미적용	적용
주택 보유 조건	무주택자	무주택자(구입 용도), 1주택자(상환, 보전 용도)	무주택자
2주택 이상 시 상환 의무	1년 내 상환	1년 내 상환	실거주 1년 후 상환 의무 없음
만기	10~40년	10~50년	10~30년

있다. 이 부분은 부동산 투자를 지속적으로 하려는 사람이라면 아주 중요한 장단점이 될 수 있다. 필자라면 디딤돌대출을 레버리지 삼아 서울 수도권 5억 원 이하 아파트에 먼저 투자해보고 경험치를 올린 후 서울 핵심지 진출을 도모할 것이다.

이런 정책 대출에 대한 주요 사안을 정리하면 기존에 받던 대출 대환이 되는 경우도 있겠지만 반드시 되리라고는 장담하기가 어렵다. 이와 더불어 시간이 지나고 금리가 인하하는 추세라면 굳이 조급하게 정책 대출을 받아야 할까 싶은 의구심이 들게 한다.

그럼에도 몇 년 지나 정책 대출 이자보다 더 낮은 금리가 나온다면 중도상환수수료가 없다는 한에서 갈아타는데 문제는 없다. 물론 중도상환수수료가 있어도 이자가 더 낮다면 이득이 되기 때문에 대환하는 게 유리할 수 있다.

한 번 더 강조하지만 정책 대출 고정금리는 어떤 경제 위기가 오더라도 나라가 망하지 않는 한 금리 인상이 불가능하다. 그래서 고정금리로 비용 예측이 가능하고 보통 긴 기간(30년 내외)동안 원리금을 상환하는 방식이라 자동이체를 걸어두면 세월이 감에 따라 자연적으로 없어지는 대출이 된다.

투자 초반 한푼이라도 아쉬운 마음에 정책 대출을 받았다가 더 낮은 금리가 나오면 갈아타고 싶은 생각이 드는 것은 이해한다. 하지만 금리 인상이 급격해지는 경제 환경이 도래하면 예측 가능성이 더욱 중요해진다. 2022년부터 대부분 초보 투자자가 이런 부분들을 조금 느끼고 있을 것이다.

일반 금융권 대출의 경우 단순하게 유동성 확대기, 즉 금리 하락기에는 적극적으로 대출을 레버리지로 활용해야 하고 유동성 축소기인 즉 금리 인상기에는 적극적으로 대출을 줄이고 현금을 보유해야 한다. 말은 쉽다. 하지만 계획화하고 문서화하지 않으면 그냥 휘발성 잡담에 불과하다. 이 부분은 〈5장 금리와 환율이 타이밍을 정한다〉에서 자세히 다루어지니 참고하길 바란다.

유동성을 모르면
투자는 실패한다

유동성(광의통화 M2) 현황

보통 유동성은 광의통화M2를 의미한다. 광의통화에는 기간물 정기 예적금 및 부금 등 단기 저축성예금뿐만 아니라 시장형 금융 상품과 실적 배당형 금융 상품 등이 포함된다. 그 이유는 이들 금융 상품이 비록 거래적 수단보다는 자산을 증식하거나 미래의 지출에 대비한 일정 기간 동안의 저축 수단으로 보유되지만 약간의 이자 소득만 포기한다면 언제든지 인출이 가능해 결제성예금과 유동성 면에서 큰 차이가 없다고 보기 때문이다.

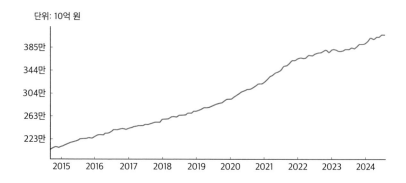

단위: 10억 원

385만
344만
304만
263만
223만

2015 2016 2017 2018 2019 2020 2021 2022 2023 2024

광의통화(M2)=협의통화(M1, 당좌예금, 보통예금과 같은 요구불예금과 수시입출
금이예금)+정기예·적금 및 부금+거주자 외화예금+시장형 금융 상품+실
적배당형 금융 상품+금융채+발행어음+신탁형 증권저축

위는 한국의 광의통화 그래프다. 매년 물가상승률만큼 완만하게
상승하던 곡선이 2020년을 기준으로 급하게 상승하는데 바로 코로
나19 양적 완화 때다. 이후 2023년 급격한 금리 인상으로 잠시 하락
한 적도 있지만 현재는 고금리 상황인데도 그래프는 우상향을 가르
키고 있다.

이는 한국에서는 양적 긴축이 이루어지지 않았고 고금리에도 일
부 주택담보대출이 지속되었다는 반증이다. 미국은 일정 수준 대
차대조표 축소를 했고 결과적으로 광의통화 그래프가 한번 심하게

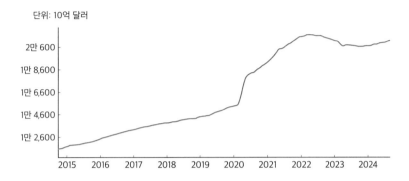

미국 광의통화 추이

단위: 10억 달러

꺾인 후 수평을 유지하는 모습을 보여준다. 2024년 4월 미국 M2는
4천조를 넘어선 바 있다.

양적 완화와 유동성의 상관관계

알다시피 양적 완화는 수도꼭지를 개방해서 시장에 돈(유동성)을 쏟
아붓는 행위다. 유동성은 가격 수위를 높게 밀어올린다. 한국 부
동산과 미국 주식 및 부동산은 유동성에 따라 수위가 높아져 가격
이 올라갔다. 당연한 수순이다. 필자는 이후 유동성이 다시 흡수되
는 양적 긴축 시점에서 당연히 자산 가격이 조정된다고 언급했다.
2024년 초까지는 말이다.

TIP

양적 완화Quantitative Easing, QE 양적 긴축Quantitative Tightening, QT

양적 완화는 경제를 활성화하기 위해 사용되는 정책으로 경제라는 자동차에 가속 페달을 밟는 것에 비유할 수 있다. 이 정책의 주요 목적은 경제 성장을 촉진하고 불황을 극복하는 것이다. 양적 완화는 중앙은행이 국채나 기타 금융 자산을 대량으로 매입하는 방식으로 실행된다. 이로 인해 시중에 더 많은 돈이 풀리고 금리가 낮아지는 효과가 나타난다. 결과적으로 대출과 투자가 늘어나고 소비가 증가해 전반적인 경제 활동이 활발해지게 된다.

양적긴축은 과열된 경제를 안정화하기 위해 사용되는 정책으로 경제라는 자동차에 브레이크를 밟는 것에 비유할 수 있다. 이 정책의 주요 목적은 인플레이션을 억제하고 경제 과열을 방지하는 것이다. 중앙은행은 보유한 자산을 매각하거나 만기 도래 시 재투자를 하지 않는 방식으로 양적 긴축을 실행한다. 양적 긴축의 효과로는 시중의 통화량 감소, 금리 상승, 대출과 투자 감소, 그리고 소비 위축 등이 있다.

양적완화(QE)와 비교할 때, 양적긴축(QT)은 경제가 과열될 때 사용되며, 통화량을 감소시키고 금리를 높이는 경향이 있다. 또한 양적긴축의 주요 목표는 인플레이션을 억제하는 것이다. 두 정책 모두 경제 상황에 따라 적절히 사용되어야 하며 잘못 사용될 경우 인플레이션이나 경기 침체와 같은 부작용을 초래할 수 있다는 점을 유의해야 한다.

2020년 이후 현재까지 자산 가격에 가장 큰 긍정적인 영향을 끼친 양적 완화로 인한 풍부한 유동성은 뿌린 유동성을 다시 흡수하는 양적 긴축으로 인해 그 역할이 반대로 큰 부정적인 영향을 끼칠 것

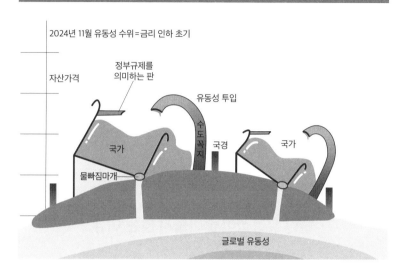

양적 긴축

2024년 11월 유동성 수위=금리 인하 초기

자산가격

정부규제를
의미하는 판

유동성 투입

수도꼭지

국가

국경

국가

물빠짐마개

글로벌 유동성

으로 판단했었다. 양적 긴축을 그림으로 표현해 보았다. 부동산이
글로벌 유동성 위에 떠 있으며, 유동성이 확대되면 수위에 해당하
는 자산가격이 상승한다. 정부의 각종 규제(취득세, 양도세, 대출규제
등)는 물 수위의 상한선을 제한하는 역할이다. 욕조의 물빠짐 마개
는 자본 유출을 상징하는데, 마개가 빠지면 달러 강세 상황을 의미
한다. 마지막으로 유동성 투입으로 욕조(국가)에 물이 넘치면 '순환
매'가 진행된다. 보다시피 수도꼭지를 통해 유동성을 다시 흡수하는
것이 양적긴축이다. 이러면 당연히 글로벌 유동성이 내려가며 개별
국가 자산 가격 수위도 내려가게 된다. 하지만 지금 보다시피 미국
도 양적 긴축을 천천히 하겠다는 의지를 표명했고, 한국은 아예 양

적긴축을 하지도 않았다. 그저 고금리(한국은 중금리)를 유지할 뿐이었다.

이제부터는 한국의 경우 현재 유동성을 기준에 두고(수용하고) 금리 정책을 펼칠 것으로 보고 있다. 지금 풀려 있는 유동성이 더 줄어들지 않고 단단한 지면처럼 굳은 상황을 기준으로 간주된다는 의미다.

풀린 유동성이 줄어들지 않는 이유

양적 긴축 후 고금리 유지로 인해 일정 수준 유동성이 흡수되어야 하는데 한국은 전혀 그렇지 않다. 이는 크게 두 가지 원인 때문으로 볼 수 있다.

첫째는 당연히 중앙은행의 양적 긴축과 고금리 상황에도 견딜 수 있는 그룹이 있다는 것이다. 이들은 자산을 확보하고 있고 자산을 통한 양질의 대출을 일으킬 수 있다. 대출에 이미 상당 기간의 이자를 감당할 돈을 따로 떼어 놓았거나 양질의 자산에서 나오는 현금흐름으로 이자 또한 충분히 감당 가능하다.

둘째는 고금리로 인해 현금 흐름이 위축되었기 때문에 상환 능력이 없어서 대출을 일으킨 채 간신히 이자만 내고 있는 그룹으로 일부 상환이라도 들어오면 바로 무너져 버리는 그룹이다. 한국의 대부분 중소기업과 상인이 여기에 속한다. 부동산 PF**Project Financing** 대출도 마찬가지다.

이런 이유들로 인해 한국은행이 미국 기준금리 인상을 따라서 금리를 올리기는커녕 양적 긴축도 할 수 없었던 것이다. 이 결과로 한국은 2020년에 풀린 유동성을 흡수하지 않은 채 유동성이 지속적으로 상승할 수밖에 없는 상황이 되었다.

필자는 한국은행이 미국 연준을 추종해 대차대조표 축소를 어느 정도 할 줄 알았다. 유동성을 일부 축소한다면 당연히 한국 부동산 가격 역시 조정이 될 수밖에 없었다. 한국의 기준금리가 중금리에 머물더라도 연준과 한은의 양적긴축이 시작된다면 유동성 자체의 수위가 낮아지기 때문에 한국 부동산 가격 조정은 확정적이 된다.

하지만 한국은행은 긴축을 하지 않았고 연준도 양적 긴축 속도를 늦추고 있는 상황이다. 사실 이러면 할부를 무한으로 늘리고 물건을 구매한 것과 다를 바 없다. 양적 긴축을 하긴 했지만 시장에 충격을 줄 정도에 이르지 못하는 미미한 수준이다.

따라서 지금부터는 2020년 이후에 풀린 유동성까지 포함해서 기준 유동성으로 간주해야 한다. 여기에 2025년부터 슬슬 이슈가 될 신규 주택 공급 부족과 전세금 상승이 추가된다고 가정하면 앞으로 한국 주택 가격은 어떻게 될까?

물론 한국 상업용 부동산은 지금 지극히 힘든 상황에 처해 있다. 고금리로 인해 가격을 조정해야 매도할 수 있지만 그마저도 매수자가 없다. 하지만 2025년부터 본격적으로 시작될 것으로 보고 있는 한국 기준금리 인하가 현실화된다면 상업용 부동산 소비 심리 역시 일거에 바뀌게 될 것이다.

이런 상황에서 눈여겨 봐야 할 부분은 2024년 하반기부터 실제로 기준금리가 인하될 즈음까지 다량으로 출회될 경매물건을 모니터링하는 것이다. 이는 상업용 부동산과 주택 모두 그럴 수 있다. 한계 상황에서 버티다 버티다 포기한 물건들이 나올 시기기 때문이다. 지금은 줄어들지 않는 유동성 위에 자산들이 둥둥 떠서 가격이 떨어지지 않고 있는 국면이지만 뜻밖에 양질의 물건을 만날 수도 있으니 투자자라면 촉각을 곤두세울 필요가 있다.

4장

금리와 환율이
투자 타이밍을 정한다

TIMING

투자 타이밍을
보는 눈을 기르자

이번 장에서는 지금까지 빌드업한 경제 세계관이 복잡한 현실 경제 상황에서 어떻게 일관되고 모순되지 않게 표출되는지 공유해보겠다. 물론 필자는 지속적으로 다듬어 가면서 수정 및 보완되는 경제 세계관을 지향하고 있다. 새로운 변화에 능동적으로 대처하고 그때그때 적절하게 태세 전환을 하면서 세계관을 수정하기도 한다.

〈1장 모든 투자는 타이밍이다〉에서는 투자 타이밍을 알아채는 것이 무엇보다 중요함을 강조했다. 그리고 〈2장 화폐를 이해하자〉에서는 신용화폐 즉 오일달러에 대한 전반적인 이해와와 오일달러가 대체될 혹은 변해갈 무엇에 대한 주제로 글을 풀어봤다. 〈3장 대출을 지렛대로 활용하자〉에서는 대출을 보는 관점 및 대출을 받아야 하는 기준에 대한 골자로 글을 구성했다. 이제 이런 세계관들을 근간으로 이번 <4장 금리와 환율이 투자 타이밍을 정한다>에서는 현재 글로벌 경제 상황이 어떻게 돌아가고 있고 이를 바탕으로 최적의 투자 타이밍은 어떻게 찾아야 하는지 알아보겠다.

환율을 확인해야 하는 이유

자산 시장 진입 타이밍을 예측하기 위해서는 수많은 요인을 분석하고 오랜 투자 경험을 쌓아야 한다. 하지만 그중에서도 환율과 금리에 대한 이해가 가장 중요하다. 특히 환율 변동에 따른 자산 가격 변화 메커니즘을 파악하는 것이 핵심인데 이는 2024년 엔화 하락에 따라 일본 주식의 상승이 그 명백한 사례로 표출되고 있다.

투자자들이 환율을 집중적으로 모니터링하는 이유는 원화의 가치를 오일달러 기축통화인 미국 달러와 비교하기 위해서다. 이는 자산 시장 진입 타이밍을 파악하는 데 있어 매우 중요한 요소고 나아가 달러 자체의 가치를 아는 것도 큰 도움이 된다. 달러 가치는 상품 및 자산 가격을 통해 유추할 수 있으며 특히 원유는 달러로만 결제되기 때문에 원유 가격이 달러 가치를 가늠하는 핵심 지표가 된다. 물론 국내 투자만을 고려한다면 원화 가치에 집중하고 원/달러 환율을 주시하는 정도로도 충분할 것이다.

원화 가치 상승과 하락 시점에 따라 자산 가격은 변동되어 왔다. 2022년은 특히 이런 모습을 아주 잘 보여줬던 해다. 2022년 들어 폭등한 물가를 진정시키기 위해 연준은 기준금리를 미친 듯이 인상했다. 상대적으로 달러로 표기되는 국제 유가는 떨어질 수밖에 없는 상황이었다. 하지만 석유수출국기구OPEC는 국제 유가가 적어도 100달러 이상은 되어야 한다고 강력하게 주장하며 감산에 나서기도 했다.

당연하게도 유가가 오르면 물가는 더욱 불안해진다. 따라서 연준은 기준금리를 더욱더 높일 수밖에 없다는 상식적인 생각을 했다. 그런데 2022년 말 물가는 계속 높은데도 갑자기 연준의 유력 인사를 비롯해서 캐나다 및 호주의 중앙은행들이 기준금리 인상 속도를 조정하거나 조절론을 이야기하기 끊임없이 올려대던 기준금리에 별다른 이유 없이 말이다.

달러 가치와 원유 가격의 연관성을 보여주는 사례

연준이 끊임없이 올리던 기준금리를 별 이유없이 속도 조절을 언급한 것이다. 뭔가 근거나 설명이 필요하다. 여기서 어떤 언론이나 전문가들이 언급하지 않는 필자만의 가설을 풀어보겠다. 먼저 2022년 11월 말 블룸버그 기사를 살펴보겠다. 기사 내용은 다음과 같다.

2022년 9월 구인이직보고서(JOLTS)에 따르면 미국 내 기업들의 구인 건수는 1,072만 건으로 이전 수정치 1,028만 건에서 증가했다. 975만 건으로 둔화를 예상했던 시장의 기대를 뒤집으면서 미국 노동 시장이 여전히 뜨거운 상태임을 증명했다. 노동 시장의 수요와 공급 불균형이 좀처럼 해소되지 않으면서 견조한 임금 상승세가 지속되어 광범위한 물가 압력을 더하고 연준의 공격적 긴축을 정당화할 수 있다.

제롬 파월 연준 의장이 기준 금리 인하 속도를 늦출 수 있다는 점을 시사하자 시장이 화답했다. 파월 의장은 브루킹스 연구소 연설에서 이르면 12월에 금리 인상 속도를 완화할 시기가 될 수 있다고 말해 이번 연방공개시장위원회FOMC에서 금리 인상 폭이 75bp에서 50bp로 줄어들 것이란 시장의 기대를 충족시켰다. 연준이 금리 인상 속도를 늦추는데 도움이 될 만한 소식도 들려왔다. 밤사이 미국 고용 시장이 식고 있다는 지표들이 발표되었다. ADP 전미고용보고서에 따르면 11월 미국 기업의 고용이 거의 2년 만에 가장 느린 속도로 증가했음이 나타났다.

맥락을 보면 알겠지만 먼저 금리 인상 속도 조절을 확정해 놓고 그에 해당하는 증거를 찾고 있다. 특히 2022년 10월과 11월 고용지표 통계 데이터를 언론이 어떻게 저떻게 끼워 맞추듯이 말이 다를 수 있는지 잘 보여주고 있다. 고용 통계는 모두 증가를 나타내고 있다. 10월에는 임금 상승세가 지속되어 인플레이션이 고질적이라 연준의 금리 인상 근거가 됨을 말하고 있다. 하지만 11월에는 임금 상승세가 느리게 증가함을 부각시키며 이미 연준이 발표한 금리 인상 조절의 근거로 말하고 있다.

이는 전형적인 확증 편향이다. 논리적으로 일관되지 않다는 뜻이다. 기준금리를 급격히 올릴 때 근거로 들었던 요인인 고용과 물가지수는 큰 변화없이 그대로인데 갑자기 금리 인상 속도 조절의 근거로 같은 통계를 다른 관점으로 말하고 있는 것이다. 블룸버그라는 글로벌 유력 경제 매체조차도 이러고 있다. 각자 주관적인 경제 준거를 가져야 하는 이유가 여기에 있다.

도대체 이런 상황을 어떤 근거나 이론으로 설명할 수 있을까? 경기 침체 위기가 가시화되자 연준이 속도 조절 의견을 받아들였다고 설명할 수도 있겠지만 이 역시 전형적인 끼워 맞추기식 해석이다.

하지만 연준이 그토록 브레이크 없이 올려대던 기준금리 인상에 갑자기 속도 조절을 건 속내에 과연 뚜렷하고 구체적인 의도가 없을까? 필자는 오일달러 신용화폐의 가치가 올라가는 글로벌 경제 환경이 자연스럽게 조성되었다고밖에 설명할 수 없다는 생각이 들었다.

계속 바닥을 치던 달러 가치를 급격한 기준금리 인상으로 제고시키는 과정에서 적절한 유가 인상으로 달러 소진 속도를 더욱 빠르게 하는 환경이 만들어진 것이다. 아니, 만들어 간 것이다. 금리 인상과 마찬가지로 유가 인상 또한 달러 종이돈의 쓸모를 대폭 늘리는 결과를 가져오기 때문이다.

OPEC가 2022년 11월 중 하루 100만 배럴 이상 석유 공급을 줄인 것으로 블룸버그 설문 결과 드러났다. 이는 동맹국과의 협정에 명시된 양과 거의 일치하며 2020년 이후 최대 감산 규모다. 사우디아라비아가 하루 47만 배럴을 감산한 1,044만 배럴을 생산해 지난달 감산을 주도했다. 어제 원유선물은 중국 내 수요 회복 기대와 일요일 예정된 OPEC+ 회의를 앞둔 관망세 속에 상승했다. _ 블룸버그(2022년 11월)

물가 상승 때문에 금리를 올리고 있는데 물가 상승을 견인하는 유가 상승으로 금리 인상이 더뎌지고 오히려 금리 인하 가능성도 있다는 언밸런스한 소리를 기사로 하다니, 다시 강조하지만 세상 어디에서도 이런 식으로 경제 환경 변화를 설명하지는 않는다. 하지만 필자는 이런 경제 세계관을 근거로 투자했고 그 결과 투자 시장에서 20여 년간 살아남았다.

미국 연준이 기준금리를 결정하는 중요한 요인

금리 인상으로 달러 가치가 올라가는 동시에 유가 상승으로 달러소진이 빨라진다면 달러는 더욱 희귀해지고 결과적으로 오일달러 신용화폐의 가치는 다시 소중해진다. 더는 경기 침체 트리거가 될 수 있는 기준금리 인상을 할 이유가 없어지게 되는 셈이다.

그럼 상대적으로 오일달러 혹은 각국 신용화폐로 측정되는 자산 가격은 낮아지게 된다. 모든 자산 가격의 등락을 이해하기 위해서는 이런 신용화폐 시스템의 이해가 선행되어야 한다. 이러면 금리 인상을 둘러싼 연준의 납득하기 어려운 태세 전환과 다중 인격 같은 스탠스를 다소 이해할 수 있다.

필자는 연방공개시장위원회FOMC의 공식적인 점도표마저도 신뢰하기 어렵다고 판단하고 있다. 글로벌 경제 환경, 특히 원유 가격 대비 달러 가치를 분석하고 추세를 시뮬레이션하는 것이 훨씬 높은 예측력을 보여왔기 때문이다. 실제로 점도표상으로는 2024년 3월경 연준이 기준금리를 인하해야 했지만 물가와 고용 지표를 근거로 들며 이를 지연시켜 왔다. 그 배경에는 지지부진한 유가 상승이 자리 잡고 있었다.

2024년 7월 연준의 금리 인상은 예상대로 2023년 7월 베이비스텝 인상 후 5.5%를 계속 유지하고 있었다. 물가와 고용이 높은 상황인데 금리 인상과 양적 긴축 속도가 조절되고 이후 금리 동결 혹은 금리 인하가 된다면 의미 있는 달러 가치 제고가 되었다는 의미로 받아들여야 한다. 원유 가격의 유의미한 상승 등 달러 소진 창구가 늘어났다는 이야기기 때문이다. 하지만 중동 지정학적 위기가 있는데도 원유 가격은 그리 크게 상승하지 않고 있다. 우리가 배운대로라면 연준은 이제 금리 인하를 해야 하지만 여전히 금리를 동결만 하고 있었다.

투자자라면 부동산 및 가상화폐가 표기되는 가격보다 신용화폐의 가치를 살피는 것이 투자 타이밍을 잡는데 더욱 유용함을 느껴야 한다. 이런 결과로 유동성을 풀어 화폐 가치가 휴지조각이 될 즈음 급하게 풀린 화폐를 흡수해야 할 경우 가장 부담없고 부정적 영향이 덜한 영역부터 자산 가격이 급락해서 신용화폐가 소진된다는 것도 이해해야 한다.

향후 연준의 금리 인하와 양적 긴축 속도 조절 그리고 원유, 국지전, 금융 위기, 외환 위기 등 달러가 소진되는 수단을 연계해서 분석한다면 예상치 못한 투자 기회를 포착할 수 있을 것이다. 경제에 대한 거시적 관점을 정립하고 이를 바탕으로 글로벌 이슈를 바라본다면 개인 투자자들도 충분히 기회를 잡아낼 수 있다.

적을 알고 나를 알면 백 번 싸워도 위태롭지 않다. 우리가 벌고 있고 보유하고 있는 화폐, 즉 신용화폐의 본질을 이해한다면 최소한 위험하지 않은 투자가 가능하다. 다음 챕터부터는 환율로 대변되는 상대적 화폐 가치에 따른 자산 가격의 변화와 그 기본적인 메커니즘에 대해 본격적으로 탐구해보고자 한다.

환율을 모르면
투자는 금물이다

필자가 환율이 정말 중요하다고 눈치채기 시작한 때는 1997년 외환위기가 다시 온다면 과연 필자가 생존할 수 있을지를 고민하고 외부위기에 대한 스터디를 시작하면서부터였다. 그리고 현재는 이를 심플하게 도식화(낮은 레벨의 소통을 위해)하면서 환율에 영향을 끼치는 주요 요인에 대한 변동성까지 시뮬레이션을 시도해볼 수 있는 수준은 되지 않았나 생각하고 있다.

가볍게 예를 들면 우리는 보통 한국 기준금리가 높으면 환율은 안정되거나 하락한다고 공식처럼 알고 있다. 하지만 환율이 개별 국가의 신용화폐 가치를 달러 가치와 비교해서 나타내는 개념임을 알고 있다면 미국 기준금리도 살펴봐야 한다. 한국 기준금리가 아무리 높다고 해도 미국 기준금리가 그보다 높거나 같아도 환율은 상승(원화 가치 하락)할 가능성이 높아지기 때문이다.

본론으로 들어가서 환율은 평생 한두 차례 자산 매도 타이밍(메이저 매도라고 명명)을 판단하는 가장 중요한 요인임에는 틀림없다. 먼저 '환율 변동에 따른 자산 가격 변화 메커니즘'의 단순화 내용과 상세 내용을 순서대로 살펴 보겠다.

사실 상세 내용은 이론처럼 확정되는 것이 아니다. 시간이 흐르고 상황이 바뀌면서 맥락이 누적되고 중복되면서 덕지덕지 덧붙여지는 것이고 무언가를 구체적이고 입체적으로 알아가는 도구로 역할 할 것이다.

환율 변동에 따른 자산 가격 변화 메커니즘 단순화

환율 변동에 따른 자산 가격 변화를 시계열로 한번 정리해봤다. 메커니즘은 다음과 같다.

달러 강세 최고점(원화 약세 최고점)→원화 강세(달러 약세) 시작→해외자본 국내 유입→국내자산 가격 상승→원화 강세 마무리(원화 약세, 달러 강세 시작)→해외자본 국내자산 매도→해외자본 국외 유출(환차익은 덤)→달러 강세 최고점(원화 약세 최고점)

연속된 시계열 속에서 특정 시점을 잘라 달러 강세가 최고점일 때 한국 부동산 가격도 최고였다고 말할 수도 있다. 하지만 이런 메커니즘은 연속된 시계열 속에서의 추세가 중요하다. 그 추세에 따라 투자 타이밍일 수도 있고 그 반대일 수도 있다. 달러 강세가 최고점일 때는 이후 추세는 당연히 부동산 가격 하락으로 이어진다. 이렇듯 특정 시점을 잘라서 그 단면을 침소봉대하는 가설들을 경계하길 바란다.

환율 변동에 따른 자산 가격 변화 메커니즘 상세 내용

구체적 사례를 참고하는 것이 가장 빨리 이해할 수 있으므로 일본 사례와 독일 사례를 참고한 후 상세 내용을 풀어 보겠다.

1985년 플라자 합의 후 약 5년 남짓 일본의 경제력을 대변하는 말은 "도쿄를 팔면 미국 전체를 살 수 있다(부동산)"와 "와타나베 부인(국외금융거래)"이었다. 5년 동안 엔고(엔화 강세, 엔화 하락, 달러 약세)였음에도 막강한 제조업 수출 기반이 실물경제를 받쳐주었고 (수입)물가 안정과 저금리를 통해 평균 5배의 지가 상승이 있었다. 평균 5배라지만 주요 주택지는 10배 이상 폭등한 걸로 알고 있다.

플라자 합의로 엔화 가치가 달러 대비 약 두 배나 절상되는 가운데 이어진 5년간의 저금리 기조와 맞물려 자산 버블은 절정에 이르렸다. 그러나 1990년대 초 주식시장 붕괴를 시작으로 대출 연체가 속출하고 금융과 부동산 시장이 연쇄적으로 무너지면서 일본 경제는 벼랑 끝에 내몰렸다. 이후 약 30년에 걸쳐 장기 경기 침체와 디플레이션이 고착화되는 악순환이 반복되었다.

급격한 엔화 절상은 수출 기업들로 하여금 해외 생산 기지 이전을 가속화했고 이는 전반적인 일본 제조업의 경쟁력 약화로 이어졌다. 다만 고도로 전문화되고 장인 정신이 깃든 특정 분야에서는 여전히 독보적인 위상을 유지했으며 기초 연구 분야에서는 현장 중심 기조를 바탕으로 일부 원천 기술을 선점함으로써 국가적 경쟁력의 명맥을 이어갈 수 있었다.

1989년 말까지의 극심한 엔고 현상과 자산 가격 급등은 1990년을 기점으로 단숨에 무너지면서 당대 일본인들에게 지울 수 없는 트라우마로 각인되었다. 이를 계기로 주택은 투자가 아닌 단순 거주 목적으로만 인식되는 가치관의 대전환이 일어나기도 했다.

그러나 역설적이게도 버블 붕괴로 인해 국민 개개인은 고통의 시기를 보냈지만 국가적 위상은 오히려 한 단계 도약하는 계기가 되었다. 엔화는 미국 달러화와 함께 기축통화 지위에 올라섰고 미국 달러 인덱스U.S. Dollar Index에도 포함되었다. 이런 측면에서 플라자 합의가 일본에 미친 영향을 평가하는 일은 여전히 쉽지 않은 숙제로 남아 있다.

일본의 사례를 보면 자산 버블이란 입지 조건과 무관하게 무조건적으로 부동산을 취득하려는 맹목적 투자 열풍을 의미한다. 거품 직전까지 엔화 절상에 따른 해외 자본 유입으로 유동성이 최고조에 이르렀고 이를 감당할 대출 수요마저 한계에 다다랐던 것이다. 저금리의 지속을 당연시하던 일본인들은 향후 상환 능력을 고려하지 않은 채 무리한 영끌 투자에 집단적으로 뛰어들었다.

일본의 버블 붕괴는 국제적으로 새로운 규제가 된 국제결제은행 **BIS**의 지급준비율 상향이 트리거가 되었다. 1989년 5월부터 1990년 8월까지 정책금리를 2.5%에서 6.0%로 인상했고 이후 본격적인 자산 버블 붕괴에는 또 다른 주요 요인인 주식파생상품이 있었다.

미국에서 탄생한 것 중 하나이자 파급력을 가늠하기 어려운 것이 금융파생상품이다. 이중 '주가지수 풋옵션'을 일본 닛케이지수와 연동해 많은 파생상품을 이미 판매했었다. 국제결제은행의 금리 인상을 신호로 풋옵션, 즉 주가지수 하락에 베팅한 상품들이 실력 행사를 했다.

날개 없는 일본 자산, 특히 주식 가격 추락에 베팅하고 환차익까지 계산한 무차별적이고 철저한 양털 깎기를 전광석화처럼 진행했기 때문에 일본인 대부분(전문가라 간주되었을 입똑똑이들 포함)은 그 상황에서 지금 일본 경제에 무슨 일이 일어나고 있는지 알 수도 없었을 것으로 추측하고 있다.

반면 같은 시기 플라자 합의의 또 다른 주역이었던 독일은 일본과는 정반대의 행보를 보였다. 독일은 고금리 기조를 꾸준히 유지했는데 1985년 합의 이후 1989년까지 5%대의 금리가 지속되더니 통일 이후에는 무려 9%까지 치솟았다. 그 결과 마르크화의 급격한 절상에도 과도한 유동성 증가나 자산 버블은 나타나지 않았다.

이 두 사례는 우리에게 많은 교훈을 준다. 지속 가능한 경제 발전을 이루고 자산 시장의 버블과 붕괴를 예방하기 위해서는 적정 수준의 금리 인상과 그 기조의 유지가 필수불가결함을 알 수 있다. 2022년 이후 우리나라는 가파른 금리 인상에 이어 동결 기조를 견지하며 거시 건전성 확보에 진력하고 있다. 대내외 불확실성이 높은 상황일수록 정책의 일관성과 안정성이 더욱 절실하다는 교훈을 새겨야 할 때다.

환율 조작국 지정 의미

환율 조작국 지정의 단순한 정의는 미국이 상대국에게 1년 정도 통화 약세(달러 강세)를 통한 무역 흑자 시정을 요구하고 이후 개선되지 않으면 환율 조작(개별국 통화 약세)으로 수출에서 이득을 본 부분을 국제통화기금IMF와 협의해 환수하는 절차에 들어가는 것이다.

그런데 일단 환율 조작국으로 지정되면 국내에 있던 자본이 외환위기 리스크 헤지를 위해 일부 빠져나간다. 이러면 자연적으로 환율이 다시 상승(개별국 통화 약세, 달러 강세)해 환율을 개선하지 않은 것으로 계속 보일 수 있다. 그래서 환율 하락(개별국 통화 강세, 달러 약세)을 위해 외환보유고를 써서 환율 방어를 해야 한다는 결론에 이르게 된다. 악순환의 고리에 빠지게 되는 것이다.

사실 환율 방어(개별국 통화 강세, 달러 약세)를 위해 환율 조작(당국 개입)을 해야 하는 상황인데 환율 상승(개별국 통화 약세, 달러 강세)을 조작한다고 제재를 받는 형국이다. 미국은 이런 룰들을 무한대로 만들어 낼 수 있고 이것이 현실임을 인지해야 한다. 이런 밑 빠진 독에 외환을 쏟아부어야 하는 악순환 상황이면 시간의 문제일 뿐 외환위기는 무조건 당첨이다.

1985년 플라자 합의 즈음 미국 경제 상황 상세 내용

1985년 플라자 합의 당시 미국의 상황을 살펴보겠다. 이는 향후 미국이 중국을 어떻게 다룰 것인지에 대한 단초를 제공하리라고 필자는 생각한다. 물론 위안화와 동기화되어 있는 원화의 방향성을 캐치하기 위해서이기도 하다.

일단 쌍둥이 적자라고 하는 경상수지적자와 재정적자가 증가하며 1985년쯤 극에 달하기 시작했다. 재정적자로 인해 고금리 정책을 고수했고 이런 미국의 고금리 때문에 세계 다른 국가들이 금리 인하가 어려워져 경기 부양 정책을 쓸 수 없다고 비난받고 있던 시점이었다.

이런 가운데 자본시장의 부채 누적과 일부 은행의 파산 사태가 발생했고 경기 불황으로 인한 원유 수요 감소로 석유회사들마저 파산 위기에 몰렸다. 특히 주목할 점은 미국 경제 공황기에는 늘 스태그플레이션이 나타났고 이는 부의 소수 집중화를 심화시켜 사회주의와 공산주의 사상이 확산되는 계기가 되었다는 사실이다.

미국은 이러한 부정적 사회 분위기를 일거에 반전시킬 묘수가 절실했고 그 해법을 외부에서 찾고자 했다. 그 결과물이 바로 플라자 합의였다. 미국은 주요 경상수지 흑자국이었던 일본과 독일을 상대로 협상을 진행했고 이들 국가가 미국 국채를 대규모로 매입하도록 유도했다.

1985년까지 미국은 금리를 점진적으로 인하하다가 1986년 대폭 인하한 후 1987년 루브르 합의 이후에는 금리를 다시 인상하며 달러 약세를 억제하는 듯한 모습을 보였다. 이 시기 엔화는 달러 대비 두 배나 절상되었는데(1달러당 240엔에서 120엔으로) 이로 인해 일본이 보유한 미국 국채의 실질 가치는 50% 이상 하락한 반면 미국의 채무 부담은 그만큼 경감되는 효과를 누렸다.

2024년 기준 미국의 가장 큰 경상수지 적자국은 중국이고 중국은 이미 미국 국채 보유 1위 국가다. 현재까지 미국의 재정 적자(세입 세출이 마이너스)는 지속적으로 누적되어 온 상황이다.

기축통화국이 아닌 국가의 금리 인하가
환율 및 자산(부동산) 가격에 미치는 영향

기축통화국이 아닌 국가의 무리한 금리 인하는 자본 유출과 외환 위기 위험을 높이게 마련이다. 그러나 환율 방향성에 대한 확신이 선행된다면 금리 인하가 새로운 기회로 작용할 여지도 있다.

미국의 경제학자 나심 니콜라스 탈레브는 그의 저서 『안티프래질』에서 바람은 촛불은 꺼트리지만 산불은 오히려 더욱더 크게 확산시킨다고 역설한 바 있다. 마찬가지로 금리 인하가 원화 강세와 맞물리면 자산 가격 상승을 가속화하는 경향이 있다. 일반적으로 금리 인하는 원화 약세 요인으로 작용하지만 강력한 원화 강세 추세 속에서의 금리 인하는 오히려 자산 가격 거품을 부추기는 데 일조한다.

만약 현 시점에서 향후 원화 강세가 유력하다면 이는 해외 자본이 원화 자산에 베팅함으로써 환차익과 자산 가격 상승에 따른 시세차익을 동시에 노릴 수 있음을 시사한다. 구체적으로 설명하자면 원화 약세가 마무리되는 시점에서 해외 자본이 달러를 원화로 전환해 국내에 예치해 두었다가 이후 원화 강세가 진행되는 동안 다시 이를 달러로 환전하기만 해도 환차익을 얻을 수 있다. 물론 자본의 속성상 낮은 금리 수준에 만족할 리 없고 좀 더 고금리의 투자처를 찾아 이동하려는 속성도 있다.

따라서 보통 이러한 자본이 원화 표기 한국 자산을 매수(자산 파킹)하기 시작하면 이 무렵 그렇지 않아도 대기하고 있던 국내 유동성까지 시장 진입을 유도하는 트리거 역할까지 하게 된다. 결과적으로 이 자본들은 낮은 금리보다 훨씬 큰 자산 가격 상승으로 인한 시세차익을 낼 수 있게 된다.

원화 강세 추세가 유력하고 한국 내 자산 가격의 상승도 유력하다면 한국의 낮은 금리로 인한 비투자성이 상쇄되거나 감수할 만한 요인이 되는 것이다. 이후는 원화 강세가 마무리될 때까지 자산 가격 버블이 형성되고 원화 강세의 끝점에서 한국 내 자산을 매도하고 달러로 환전해 환차익까지 보며 유유히 퇴장하는 모습을 보일 것이다.

한국의 금리 인하는 분명 원화 절하(환율 상승, 원화 약세) 요인이지만 일본의 플라자 합의 사례에서 보듯이 해외 자본 이익의 극대화를 위한 재료로 쓰일 수 있는 것도 사실이다. 환차익이 확실하다면 해당 국가의 기준금리가 낮은 편이 자산 매수 및 시세차익을 내기에 더 좋은 환경이 되기 때문이다.

물론 여기에는 적잖은 리스크 요인이 도사리고 있다. 매수와 매도의 타이밍을 적절히 포착할 수 있을지의 여부가 최대 관건이다. 과거 외환 위기 이후 론스타 펀드의 사례에서 보듯 막대한 시세차익과 환차익을 챙겨 본국으로 송금하는 과정에서 현지 정부와 마찰을 빚거나 장기 소송에 휘말릴 위험도 상존한다. 실제로 론스타 펀드는 외환은행 매각으로 거둬들인 수익을 둘러싸고 20년 가까이 한국 정부와 법적 다툼을 이어오고 있으며 배상금과 이자만 해도 4,000억 원에 이르고 있다.

한국의 부동산 시장은 2019년까지만 해도 수요와 공급의 불균형 및 통화량 증가 등에 주로 기인했다. 그러나 2020년 양적 완화 국면 진입 이후로는 유동성 확대에 따른 자산 가격 급등이 두드러졌다. 문제는 실물경제의 회복세는 여전히 더딘 반면 자산 시장의 거품은 걷잡을 수 없이 부풀어 오르고 있다는 점이다. 과거처럼 높은 경제 성장률은 기대하기 어려운 상황이고 내수 경기는 이미 디플레이션과 스태그플레이션을 운위할 정도로 악화일로를 걷고 있다. 무역수지마저 적자 기조가 고착화되는 양상이다.

이런 복합적 위기 속에서 기준금리 인하를 통한 경기 진작이 시급해 보이지만 문제는 미국 연준의 강력한 긴축 기조에 역행할 수 없다는 현실이다. 이 같은 한국 경제의 구조적 취약성은 일본식 자산 거품의 재현 가능성과 함께 거품 붕괴의 충격까지도 배제할 수 없게 만든다. 더욱이 현재 진행형인 미국의 양적 긴축, 위안화 절하, 원화 약세는 저성장·고물가·고금리의 삼중고와 맞물리며 경제 전반의 불확실성을 더욱 높이고 있다. 우리 경제가 직면한 전대미문의 복합 위기를 슬기롭게 극복해 나가기 위해서는 냉철한 현실 인식과 함께 종합적이고 정교한 정책 대응이 그 어느 때보다도 절실한 시점이다.

환율은 금리 및
물가와도 밀접하다

환율과 물가

환율은 '국가별 신용화폐의 가치'라고 생각하면 이해하기 쉽다. 그
럼 자국 환율의 상승, 즉 화폐 가치가 하락할 경우 물가가 자연스럽
게 올라갈 것이라고 연상할 수 있다. 수입 물가가 올라가니 당연히
전반적인 물가 역시 따라 상승하게 된다.

　문제는 원자재 상승 등으로 그렇지 않아도 치솟은 물가를 환율
상승이 더욱 끌어올릴 가능성이 높다는 점이다. 원자재 가격 상승
및 개별 국가 통화 약세(달러 강세) 환경에서는 수입 물가가 기하급수
적으로 상승한다. 수출주도형 국가인 한국조차 환율 상승으로 인한

수출 증가 효과가 거의 없음을 10개월 연속 무역 적자를 내며 증명했다.

한국 등 개별 국가가 미국보다 약한 기준금리 인상만으로 버티며 환율 상승을 용인한 상태에서 물가를 잡겠다는 건 너무나 앞뒤가 맞지 않는 이야기다. 솔직히 중산층 이하 국민들에겐 몹시 고통스러운 고물가, 저성장(물가 상승률에 미치지 못하는 월급 인상율 혹은 월급 동결), 돈 부족 상태에 내몰아 놓고 알아서 살아남으라고 말하는 것과 같다.

환율과 금리

환율이 부동산 투자 타이밍의 주요한 요인이라고 강조하면 "아파트 한 채 사면서 무슨 거시 경제까지 알아야 해요?"라는 질문이 돌아오곤 한다. 환율은 거시 경제의 테마가 절대 아니다. 우리 생활과 긴밀하게 연동되어 커다란 영향을 끼치고 있다. 특히 금리와 밀접하게 연관되어 있는데 알다시피 금리 역시 우리 생활에 깊은 영향을 주는 요인이다.

코로나19 팬데믹이 한창이던 2020년 무한 양적 완화가 시작될 때 필자는 우리나라가 어떻게 양적 완화를 부작용 없이 축소하고 이후 출구 전략까지 구사할지 무척 궁금했었다. 이때 이주열 전 한국은행 총재는 그레이트 리셋Great Reset이라는 용어를 써가며 경제 전반적인 구조 조정과 금융의 역할을 제로베이스에서 생각해야 한다는 뉘앙스를 던졌다.

필자는 이를 구조 조정뿐 아니라 금융의 바탕이 되는 화폐의 재설정, 즉 디지털화폐로의 전환 혹은 개혁으로까지 나아갈 것으로 이해를 했다. 그런데 2022년 취임한 이창용 한국은행 총재는 미국과 금리 역전 또한 환율에 큰 영향을 미치지 않음을 이야기하며 지금껏 그 기조를 유지하고 있다.

물론 경제 전문가인 한국은행 총재의 언급이었기에 여러 가지 환율 안정화 수단이 있어 충분히 컨트롤할 수 있다는 자신감으로 들려 든든하기도 했다. 필자 역시도 한국에서 외환 위기가 다시 발생하지는 않으리라는 막연한 긍정 마인드가 있다. 하지만 환율에 영향을 미치는 많은 요인 중 무역수지와 금리가 환율 상승을 견인하고 있는 상황에서 통화 스와프 외 킬러 수단이 있을지 의심스럽기도 하다.

그리고 환율 상승을 용인하면서 물가를 잡는답시고 금리를 조금씩만 올린다면 이는 너무나 넌센스 상황이라고 말하지 않을 수 없다. 한국은 주식인 쌀을 제외하고 원자재 대부분을 수입하는 국가다. 이미 상승한 원유 및 원자재 가격에 환율마저 상승한다면 기하급수적인 수입 물가 상승 또한 맞을 수밖에 없다. 이런 환경에서 물가를 잡겠다는 건 상식적으로 말이 되지 않는다.

중앙은행이 보는 환율

필자는 일개 투자자로써 여력의 중요성을 늘 최우선에 두고 있다. 어차피 개인의 예측대로 경제 이슈가 굴러갈 턱이 없으니 여러 무작위적인 리스크에 대응이 가능한 정신적·물질적 여력을 남겨두는 편인데 주로 현금을 좀 만들어 두고 있다.

이를 개별 국가 화폐 가치 측면에서 보면 신용화폐 가치제고를 위해서는 미국보다 다소 높은 기준금리를 유지하는 편이 금리 정책에 있어 움직일 폭을 넓히는 결과를 가져온다고 생각한다.

여기서 필자는 각 국가의 중앙은행 수장과 대중이 쓰는 경제 관련 용어의 의미가 달라 오해가 생기는 건 아닐까 생각한다. 이는 오스트리아의 철학자 루드비히 비트겐슈타인이 그토록 강조했던 인간 언어의 한계 혹은 용어의 부정확한 정의에 기인한 불통이다.

연준이 물가를 잡는다고 하는 건 본인들의 주요 수출품인 달러라는 신용화폐 가치를 바닥에서 '정상' 수준으로 끌어당긴다는 뜻이다. 그들은 순간적인 경제 침체나 일정 수준의 구조 조정 따위는 염두에 두지 않는다.

이는 '달러 가치 제고' '물가 안정' 등 쓰는 단어에 따라 각자 다른 관점으로 보고 있음을 알 수 있다. 연준은 대외적으로는 '물가 안정' 이라는 용어를 쓰고 있지만 분명히 본인들은 달러 가치 제고를 위한 작업을 하고 있다.

한국은행 역시 마찬가지다. 달러 기축통화와 연결된 개별 국가 신용화폐의 특성 중 하나가 많이 풀면 가치가 떨어진다는 점이다. 또한 미국 외 국가들은 환율에도 신경 쓰지 않을 수 없다. 달러와 비교되는 환율이 개별 국가의 화폐 가치기 때문이다.

따라서 한국은행이 기준금리를 조정할 때는 한국 내 가계 부채로 인한 금융 시스템만 고려 대상이 될 수는 없다. 극단적인 게 아니냐 싶겠지만 한국 경제 최악의 상황인 IMF 외환 위기까지 고려하지 않을 수 없다.

투자에 있어서 기준금리는 항상 중요한 요인이다. 이런 기준금리가 어떤 추세에 있고 있을지 생각해서 투자 타이밍을 잡아야 할 필요가 있다. 그렇기에 늘 기준금리의 핵심 고려 사항은 '환율'임을 기억하길 바란다.

부동산은 덩치 큰 코끼리 채권의 움직임과 같다

필자는 늘 달러-원 환율의 움직임에 따른 투자를 강조한다. 이는 자산의 가격이 표기되는 각국 신용화폐의 가치를 환율로 알 수 있기 때문이다. 금태환이 되지 않는 신용화폐는 단순히 종잇조각에 불과하다. 이런 신용화폐에 대한 시스템을 전체적으로 이해한다면 투자 타이밍을 찾을 수 있다.

미국 기준금리와 환율

한국 원화의 가치는 미국 달러에 종속되어 변동하는데 이를 수치로 표현한 것이 바로 환율이다. 달러는 원유 거래의 유일한 결제 수단이기에 달러 가치는 원유 가격을 통해 가늠할 수 있다.

2022년 이후 미국 연준은 코로나19 팬데믹 직후의 기준금리 인하 국면과는 비교할 수 없는 빠른 속도로 금리를 인상했다. 이는 즉각적으로 미국과 각국의 자산 시장에 영향을 미쳐 가격 조정으로 이어졌다. 다만 이후 금리 동결과 양적 긴축 속도 조절로 자산 가격은 다시 회복세를 보이고 있다.

필자 역시 연준이 그토록 신속하게 기준금리를 올릴 거라고는 예상하지 못했다. 경기의 연착륙까지 고려하지 않을까 생각했지만 연준이 달러 가치 제고를 최우선 과제로 삼고 있음만 재확인한 셈이다. 연준의 공격적 금리 인상에 원화 가치는 낙엽처럼 떨어져 달러 대비 1,400원대를 돌파하기도 했다. 다행히 최근 연준은 기준금리 인하로 선회하고 있다.

여기서 채권의 기본적인 가격 변동 원리와 금리 해석에 관해 간략히 살펴볼 필요가 있다. 이는 채권을 투자 포트폴리오에 편입하기 위한 의도와 더불어 금리 변화에 따른 부동산 가격의 움직임을 이해하는 데도 도움이 될 것이다.

채권과 부동산

채권금리와 가격의 상관관계에 대한 이해를 위해 두 가지 예금 관련 예시를 들어 설명하겠다.

채권금리와 가격의 상관관계는 예금에 비유하면 쉽게 이해할 수 있다. 1억 원을 연 4%의 1년 만기 예금에 넣었다고 가정해보자. 이는 곧 만기 1년, 금리 4%의 채권을 1억 원어치 매입한 것과 같다. 이 예금은 채권 시장에서 거래될 수 있는데 만약 은행이 연 5%의 신규 예금 상품을 내놓는다면 기존 4% 예금을 팔 수 있을까? 당연히 사람들은 5% 상품을 선호할 것이다. 그러니 4% 예금을 팔려면 5% 예금과 동일한 조건으로 바꿔야 한다.

구체적으로 설명하면, 1년 후 원금과 이자를 합쳐 1억 400만 원을 받게 될 4% 예금을 9,900만 원에 팔면 5% 예금과 동일해진다. 1년 후 9,900만 원의 원금에 400만 원의 이자를 더하고 100만 원의 할인액(1억 원-9,900만 원)을 보태면 최종 수령액은 1억 500만 원이 되기 때문이다.

또 다른 예시로 1년 예금의 경우 많은 사람이 예금자보호를 받기 위해 보통 예금액과 이자를 합쳐 만기 5,000만 원짜리 상품에 가입한다. 즉 이자율이 4%일 때는 대략 4,800만 원을 예금해 만기금액이 5,000만 원을 넘지 않도록 한다. 그런데 이자율이 6%로 상승할 경우 4,700만 원 정도로 예금을 낮춰 만기금액이 5,000만 원에 근접하도록 조정한다.

이처럼 채권금리가 오르면 가격은 내려가고 반대로 채권금리가 내리면 가격은 오르는 반비례 관계가 성립한다. 일상에서 흔히 접할 수 있는 사례를 통해 이 메커니즘을 이해할 수 있다.

나아가 이러한 채권 가격과 금리의 관계는 상업용 부동산의 가격 결정 구조와도 상당히 유사하다. 가령 1억 원에 연 4%의 임대료를 받는 오피스텔이 있다고 치자. 이때 금리가 5%로 올랐는데 임대료는 그대로라면 오피스텔 가격이 9,900만 원 수준으로 내려가야 거래가 이뤄질 수 있다. 물론 다른 조건들이 일정하다는 전제 하에서다.

보통 단기채 금리는 기준금리에 많이 연동되고 장기채 금리는 시장의 향후 전망치에 따라 좌우되는 경향이 있다. 장기채는 시장이 정하는 금리라 보통 시중금리라고도 부른다. 향후 경제 성장률이 높을 것으로 판단해 시장에 투자하는 투자자가 많아지면 장기채 수요가 없어 가격은 떨어지고 장기채 금리는 올라가게 된다. 결국 장기채가 잘 팔리려면 시장이 예상하는 경제 성장률만큼의 이자를 구매자의 손에 쥐여줘야 한다. 특정 시점에서 미국 채권금리는 다음 자료와 같다.

일반적으로 만기가 7년 이상인 장기 채권의 금리는 만기가 7년 미만으로 짧은 단기 채권의 금리보다 높은 게 맞다. 즉 10년 후에 빌려준 돈을 돌려받는 (10년 만기) 채권의 이자가 2년 후에 빌려준 돈을 돌려받는 (2년 만기) 채권의 이자보다 높은 것이 정상이다. 예금 역시

미국 채권금리		
미국 국채 10년 현지 07.01. 08:29	4.4390 ▲0.0960	+2.21%
미국 국채 2년 현지 07.01. 08:29	4.7790 ▲0.0590	+1.25%
미국 국채 3년 현지 07.01. 08:29	4.5860 ▲0.0740	+1.64%
미국 국채 5년 현지 07.01. 08:28	4.4190 ▲0.0880	+2.03%
미국 국채 30년 현지 07.01. 08:29	4.5990 ▲0.0970	+2.15%

마찬가지로 1년 만기 예금보다 3년 만기 예금의 이자가 더 높은 것이 자연스럽다.

돈을 빌려주는 사람 입장에서 빌려준 돈을 받기 위해 기다려야하는 시간이 더 길어진다는 건 길어진 시간 동안 어떠한 일이 발생할지 모른다는 리스크를 더 많이 감내해야 함을 의미한다. 극단적인 경우 발행주체에 부도가 발생해 돈을 받지 못하게 될 수도 있고 돈의 가치가 확연히 달라져 손해를 볼 수도 있다.

위 시점(2024년 7월)에서 미국채는 장·단기 금리가 역전되어 있다. 원래는 리스크 프리미엄으로 장기채가 금리를 더 받아야 하는데 오히려 단기채 금리가 더 높다.

장·단기 금리차의 기본적인 상식이 무너져 오히려 만기가 짧은 채권이 더 높은 이자를 받는다는 건 '시간이 흐를수록 경기 침체가 심화되어 금리가 내려가겠지!' 하고 예상하는 투자자와 '경제적 안정성이 점점 떨어져서 투자할 만한 곳이 없는 상황이지만 미국은 그나마 안전하고 앞으로도 안전할 것 같으니 미국이 원금을 보장해주는 채권(미국 국채)에 투자한 다음 신경 끄고 지낼 거야!'라고 생각하는 투자자가 늘어나면서 미국 국채의 수요가 늘어나고(국채 가격 상승) 그로 인해 채권의 금리(수익률, 이자) 역시 낮아지고 있다고 판단할 수 있다.

이처럼 장·단기 금리 역전은 임박한 경기 후퇴를 예고하는 신호로 받아들여진다. 이런 인식은 시장을 왜곡시키고 미국보다 경제 여건이 취약한 유럽 및 아시아 국가에 부정적 파급 효과를 미친다. 물론 특정 시점의 금리 역전만으로 경기 침체를 단정짓기란 어렵다. 그러나 2022년 초부터 미국 시장에서 이런 조짐이 포착되었음은 주목할 만하다. 반면 한국은 개인 투자자들의 채권 시장 관심도가 낮고 채권이 주요 투자 자산으로 인식되지 않아 이 같은 현상이 큰 주목을 받지는 못했다.

기업에게도 채권은 안정적인(예측 가능한) 자금 조달처이고 금융기관에게는 투자 손실과 변동성을 줄이는 보험 성격의 투자처로 보는 경우가 대부분이다. 이렇듯 채권 시장에 대한 관심과 소식이 낮기에 비중 있게 다루어지기가 어렵다.

이처럼 채권금리 역시 경제 주체들이 경제를 보는 심리에 좌우

되는 경향이 있다. 그럼 부동산은 어떨까? 급격한 금리 인상으로 잠시 조정을 받던 부동산은 2024년 양적 긴축의 속도가 조절되고 금리 인하에 대한 이야기가 나돌자 심리가 급격히 개선되고 있다. 이틈을 타서 다시 주택 공급 부족을 외치며 닥치고 부동산 가격 상승을 외치는 부류들이 있다. 부동산 투자자라면 공급 못지 않게 수요의 중요성을 알아야 한다. 수요는 그저 무주택자들의 숫자를 이야기하거나 무주택자 중 집을 구매할 자금이 있는 수요 정도로 정의 Definition해서는 안 된다.

이를 행동경제학 관점에서는 '구매 심리'라고 하는데 이는 필자가 지속해 모니터링하는 주택 매매 심리, 부동산 소비 심리 지수로 정의할 수 있다. 집을 구매할 여력이 있는 무주택자 100명이 절대 상수지만 항상 수요자로 발현되지는 않는데 이는 구매가 절대 이성적인 행위가 아니고 감정적인 심리 상태를 표출하는 행위기 때문이다.

마지막으로 주택 공급, 재고 주택 수량의 경우에도 집을 필수재의 입장에서 봤을 때 약간 달라질 수 있다. 시중에 유동성이 풍부할 때 하급지의 관리되지 않은 주택은 임차 수요가 미미해 공급량에서 제외될 소지가 있다. 하지만 시중에 유동성이 줄어들고 경제 위기 징후가 보이거나 경제 침체가 오면 이런 하급지의 주택에도 임차 수요가 늘어나기에 결과적으로 주택의 수가 늘어나는 효과를 가져온다.

이런 소비자 경제 심리에 대한 다년간의 경험 없이 부동산 추세에 대한 여러 가설을 함부로 이야기해서는 안 된다. 특히 거시 경제의 요인으로 간주되는 환율과 전통적인 경제학 관점에서는 배제되고 통계에도 잡히지 않는 변화무쌍한 소비 심리(수요)에 대한 근본적인 이해가 선행되어야 한다.

이러한 부동산 소비 심리에 가장 크게 영향을 미치는 경제 요인이 금리고, 금리에 연동되어 움직이는 자산(부동산, 채권)에 대한 이해가 투자자에게 반드시 필요함을 마지막으로 강조하며 이번 장을 마무리하겠다.

현재 환율로 본
한국 부동산

최악의 금리 상황

2022년 미국 연준의 공격적인 기준금리 인상 정책은 투자자의 막연한 기대와 근거 없는 낙관주의가 얼마나 위험한지를 여실히 보여준 훌륭한 사례였기에 투자자들에게 소중한 교훈을 남겼다.

이런 상황에서는 미국의 금리 동향과 환율 변화에 촉각을 곤두세우며 대출을 꾸준히 축소해 나가는 것이 현명하다. 실물자산 일부를 매각하고 건전한 수준의 대출만 유지하되, 충분한 현금성 자산을 확보해야 하는데 이는 향후 닥칠지 모를 경제 위기에 대비하는 동시에 새로운 기회를 재빠르게 포착하기 위함이다.

필자가 부동산에 투자해야겠다고 다짐한 계기는 IMF 외환 위기 때문이었다. 당시 주택을 실제로 매수하진 않았지만 부동산과 금융이 어떻게 맞물려 돌아가는지 확실히 알게 되었고 이후 자연스럽게 부동산 투자를 쉼없이 이어오고 있다.

외환 위기 당시 아버지의 사업이 어려움을 겪다가 2001년 대출 연체로 집이 경매에 넘어갈 뻔한 위기가 있었다. 사회 초년생이던 필자는 적금을 깨고 대출을 받아 채권 금융기관들의 채무를 해결하고 가택을 지켜냈다. 경매 직전 관련 법규를 벼락치기로 습득한 뒤 채권자들을 일일이 찾아다니며 위법 소지가 있는 부분들을 지적하고 경매를 철회시켰다. 이런 고통스러운 경험을 다시는 하고 싶지 않다는 생각을 수없이 되뇌었다.

이러한 위기를 겪은 후 부동산에 투자하면서도 근원적으로 드는 의구심을 지울 수가 없었다. 영화 「매트릭스」가 던진 "자신은 어떤 모래 위에 성을 쌓아 올리고 있는가?"라는 화두가 계속 마음에 남았다. 이런 미심쩍음은 IMF 외환 위기 당시 경험한 참담함과 맞물려 필자에게 감당하기 어려운 위기가 다시 찾아온다면 그동안 필자가 쌓아온 모래 위의 성은 과연 온전할 수 있을지 계속 고민하게 했고, 관련 스터디를 하던 중 환율의 중요성을 인식하게 되었다. 사실은 오일달러 신용화폐의 정체를 남들보다 조금 더 알게 된 정도이지만 그만큼 필자에게는 이러한 깨달음이 매우 강렬히 다가왔다. 신용화폐에 관해서는 이전 챕터에서 충분히 다루었으니 이번 챕터에서는 환율 변화에 따른 위기와 기회에 대해 자세히 다루어보겠다.

환율에 따른 부동산 가격 변화

환율은 그야말로 미국의 달러를 중심에 두고 봐야 한다. 게다가 한국 역시 수출을 통해 경제 성장을 해야 하는 국가이므로 더욱더 미국 달러를 중심으로 환율을 바라봐야 한다. 수출 주도 성장을 추구하는 한국으로서는 원/달러 환율의 향방이 어떻게 전개될지 예의주시해야 한다. 그리고 투자자 입장에서는 이에 따른 시나리오를 준비해둬야 한다.

이를 위해서는 주요국의 사례, 특히 이전에 살펴본 일본의 경험을 참고하지 않을 수 없다. 환율 변화에 따른 자산 가격의 변동성을 제대로 이해하지 못한다면 숲이 불타도 내 나무만 성하기를 바라는 어리석음을 범할 수 있기 때문이다.

환율 변동에 따른 자산 가격 변화 메커니즘의 예를 들고 단순화해 보겠다. 1달러/1,500원이 현재 환율이라고 가정해보자. 이러한 사실 하나만으로는 무엇을 알거나 행동할 수 없다. 하지만 계속해서 원화 강세가 되고 몇 년 후 1달러/1,000원이 된다는 걸 안다면 해외자본(외국자본, 한국인 역외자본 등)이 어떻게 움직일까 생각해보면 된다.

기본적으로 환율은 상대적인 개념이기 때문에 환차익을 주요하게 생각해야 한다. 1달러/1,500원으로 국내에 들어온 해외자본은 단순하게 환율이 1,000원으로 떨어졌을 때 1.5달러로 바꿔 나가면 플러스 환차익이 생긴다.

여기다가 국내에 투자한 자산(부동산, 주식) 가격까지 올라가면 그 상승차액까지 알차게 챙겨 나갈 수 있다. 즉 1달러/1,500원에 매수한 국내 물건의 가격이 상승해 6,000원이 되었고, 환율이 1,000원으로 떨어졌다면 6배의 수익을 보고 빠져나가는 것이다. 원고(원화 강세, 원화 절상, 달러 약세)에 의한 자산 가격 상승이 이런 매커니즘으로 부풀어지고 빠지게 되는 것이다. 단순화하면 이런 식이다.

원화 강세(달러 약세) 시작→해외자본 국내 유입→국내자산 가격 상승→원화 강세 마무리(원화 약세, 달러 강세 시작)→해외자본 국내자산 매도→해외자본 국외 유출(환차익은 덤)

일본의 사례는 '환율 변화에 따른 자산 가격 변동 매커니즘' 측면에서 상당한 시사점을 준다. 엔화가 1달러/240엔에서 120엔 가까이 두 배가 절상된 시점에서 5년 내외로 벌어진 일이 부동산 5배 폭등과 버블 붕괴였다.

한국의 경우 2019~2021년까지는 글로벌 유동성 확대와 원화 강세가 맞물려 자산 가격이 고공 행진했다. 2015~2018년 구간은 수요와 공급 및 통화량 증가 등에 주로 기인한 상승이었던 것으로 보인다. 2022년 들어서는 금리 인상과 달러 강세에 따른 유동성 위축으로 부동산 가격이 조정받기 시작했다.

일본이 경험한 자산 버블 상황은 대부분 사람이 부동산에 눈이 뒤집혀 입지 등 상관없이 무조건 부동산을 매수하려고 덤벼드는 형국이었다. 반면 한국 부동산은 지난 몇 년간 꾸준히 상승하며 전 고점을 돌파한 후 조정기를 맞고 있다. 유동성으로 올라간 가격이 유동성이 흡수되면서 고스란히 내려가고 있다. 일본과 같은 버블 붕괴는 아니지만 금융 위기 이후 2008~2014년까지의 부동산 침체기를 떠오르게 했다.

당시 잠실 신축 물량으로 역전세가 일어난 상황과도 비슷하다. 또한 2008년 환율이 치솟자 한국은행은 기준금리를 5% 이상 올렸고 시중 금리는 7%가 넘었다. 이후 2009년부터 금리는 지속적으로 낮아졌고 환율도 안정되어 갔다. 미국의 비전통적인 통화 정책인 양적완화가 시작된 시기기도 했다.

2015년 금리가 1%대를 찍자 돈을 자산으로 바꾸려는 수요가 늘어나게 되었다. 요인을 단순화하면 연준의 양적 완화로 달러 가치가 낮아지고 시중에 돈이 많이 풀리자 환율이 안정되어 한국 역시 금리를 내리고 원화를 많이 풀게 되었다. 그러자 돈 가치가 떨어지는 것을 피부로 느끼는 그룹들은 돈을 자산으로 파킹하지 않을 수 없게 되었다.

이후 한국 부동산은 지속적으로 상승하다 2020년 코로나19로 아주 잠시 멈칫했다 당시 무지막지하게 풀린 유동성을 먹고 2021년까지 역대급 상승으로 마무리했다. 당시 상승이 버블인지 아닌지는 알 수 없다. 하지만 순환매가 일어나고 있는 당시 시점에서 일급지가 아닌 이급지, 삼급지의 순환매로 인한 갭 메우기가 마무리된다면 이 시세가 일급지의 하방경직이 되는 것도 사실이었다. 하지만 알다시피 2022년 기준금리 인상이 시작되자마자 부동산 가격은 조정을 받았고 현재는 보합을 유지하고 있다. 이후 한국 부동산은 어디로 가게 될까? 이를 유추하기 위해서는 먼저 미국을 봐야 한다.

미국 기준금리에 따른 달러/원 환율 변화

2023년 12월 14일, 미국 연준이 기준금리 인하 가능성을 시사했다. 사실상 긴축 정책을 마무리하고 2024년에 75bp 인하를 단행하겠다는 점도표를 제시한 것이다.

얼마 전까지만 해도 금리 인하 논의는 시기상조라고 강조했던 제롬 파월 연준 의장은 해당 연방공개시장위원회 회의에서 금리 인하 시점에 대한 논의가 있었음을 인정했다. 갑작스러운 입장 선회인 셈이다. 다만 실제 인하 여부는 좀 더 지켜봐야 할 것 같다. 2024년 하반기까지도 금리 동결 기조가 이어졌기 때문이다. 이는 파월 의장의 발언이나 점도표조차 그대로 믿기 어려움을 방증한다.

당시 기준금리 인하 가능성이 제기되자 미국 국채 2년물 금리가 장중 30bp 넘게 급락했고 뉴욕 증시의 다우 존스 산업평균지수는 1.4% 상승해 사상 최고치를 갈아치웠다. 달러/엔 환율은 순간 2% 가까이 떨어졌고 달러/원 환율도 24원, 즉 2% 안팎으로 하락하는 등 외환 시장도 요동쳤다.

한국 자산 투자 타이밍은 한국 기준금리 인하 시점을 봐야 하고 이를 대략적으로 유추하려면 미국 기준금리 인하를 모니터링해야 한다고 필자는 반복해 강조했다. 연준이 2024년 기준금리를 인하한다고 해서 한국은행이 연준을 그대로 따라 기준금리를 인하할 수는 없다. 물론 부동산 소비 심리에서 수요의 상승을 가져올 수는 있지만 본격적인 상승을 논하기엔 대출 관련 정부 규제 등 허들이 분명히 존재한다.

2024년 미국 기준금리 인하를 보면서 한국 기준금리 인하 시점에 대해 짚어봐야 한다. 물론 환율이 한국 금리 인하의 중요한 요인으로 자리잡을 것이다. 연준이 금리 인하를 시사하자마자 원/달러 환율은 수직 낙하했다.

거듭 강조하지만 G10 통화 가운데 이처럼 단기간에 급등락을 반복하는 경우는 흔치 않다. 필자 역시 달러는 1,200원대, 엔화는 800원대에 적지 않게 사들였는데 어느 순간 달러는 1,280원대, 엔화는 850원대까지 내려앉았다. 엔화는 적당히 물타기를 하긴 했지

미국 USD	일본 JPY 100
1,320.50	**903.00**
▲ 0.50 0.04%	▼ 7.44 -0.82%

만 당시로는 그 이유를 도무지 납득하기 어려웠다. 결국 시간이 좀 더 흘러서야 합리적 추론이 가능해졌다. 다음 자료는 2023년 12월 11일자 달러/원, 원/엔 환율이다.

앞서 필자는 12월 초 원인 모를 원화 강세 상황에서 엔화를 매수했다고 언급한 바 있다. 돌이켜 보면 그 당시의 환율 요동을 이해할 만한 단서를 찾을 수 있을 것 같다. 한국처럼 경제 규모가 크고 통화가 안정적인 나라의 환율이 극단적으로 출렁이는 건 자연스럽지 않다. 환차익을 노린 세력의 개입이 아니고서야 설명하기 어려운 현상이다.

물론 외환시장은 광활한 대양과 같아서 환율 조작을 시도하는 주체가 아무리 자금을 쏟아부어도 겉으로 쉽사리 드러나지 않는다. 하지만 썰물에 물을 조금 더 뺀다거나 밀물에 물을 조금 더 채우는 식의 미세 조정은 가능하다. 필자는 당시 당기 차익을 노린 자금이 유입된 뒤 만족할 만한 수익을 거두고 원화를 팔아치우며 빠져나간 게 아닐까 하는 의구심이 든다.

환율을 모니터링하고 환차익의 수혜를 보고자 하는 그룹들은 이런 출렁임을 잘 활용할 것이다. 어차피 연준의 기준금리 인하로 달러 가치가 하락(상대적으로 원화 가치 상승)하겠지만 한·미 금리 역전 상황상 다시 환율이 상승할 가능성이 높다. 이럴 땐 당연히 원화를 팔고 달러를 사면 된다. 이후 환율이 다시 상승할 때 다시 원화를 사들이면 되는 거다.

글로벌 경제 현황(원유와 주요국 상황 및 지정학적 리스크)

이쯤에서 원유 가격에 대한 이야기를 하지 않을 수 없다. 연준이 기준금리 인하를 시사하자마자 상대적으로 원유 가격이 상승했다는 뉴스가 나왔다. 이는 상품 가격이 달러 가치에 좌우된다는 명백한 반증이다.

사실 연준은 달러 가치를 좀 더 제고시키고 원유 가격도 좀 더 상승한 상태에서 금리 인하를 하는 편이 좋았을 거다. 하지만 여러 이유로 인해 기준금리 인하를 시사한 시점에서 달러 가치와 원유 가격의 밸런싱을 찾으려 한 것으로 필자는 보고 있다. 이는 다소 낮은 달러 가치에서 원유 가격과 밸런싱이 되게 되어 자산 가격 상승을 촉발할 게 뻔했다.

점도표대로라면 연준은 2024년 상반기 중 실제로 기준금리 인하에 나설 터인데 이는 본격적인 달러 약세 국면으로의 진입을 의미한다. 하지만 이후 연준은 여러 차례 스탠스를 바꿔 약달러장 여부를 둘러싼 혼란을 야기하고 있다.

한편 일본은행은 경기 부양을 명분으로 제로금리를 고수하고 있다. 19개월 연속 2%를 웃도는 물가 상승률에도 임금 상승 및 물가 안정이라는 두 마리 토끼를 잡지 못했다는 판단에서다. 필자는 당분간 달러 약세 기조 속에서 엔화가 달러 가치를 방어하는 역할을 할 것으로 본다.

중국은 올해 경제 성장률 목표치를 작년과 비슷한 5% 내외로 제시했다. 재정 및 통화 정책 기조를 그대로 유지하는 가운데 부동산 시장 안정에 방점을 찍었음에도 부동산 경기 부진이 좀처럼 해소되지 않고 있기 때문이다.

그리고 중국은 미국채를 꾸준하게 시장에 내다팔고 있다. 또한 미국 부채 위험에 대한 노출을 통제하기 위해 미국채 보유를 줄이고 수입을 늘려 무역 균형을 모색해야 한다는 명분도 내세우고 있다. 당연히 미국의 부채 수준이 미국 경제 규모에 비해 계속해서 늘어날 수 있고 이는 달러 약세를 추세화해 달러와 미국채를 들고 있는 국가는 손해를 볼 수밖에 없는 상황으로 가게 된다.

가령 중국이 700위안에 미국채 100달러를 매수했다고 가정해보

자. 6개월 뒤 달러 약세가 되어 700위안에 110달러를 매수할 수 있다면 가만히 앉아서 10%의 평가손실을 당하게 되는 것이다. 미국이 자국의 부채를 타 국가에게 그 부담을 전가시킬 때 주로 쓰는 방식이다. 대표적으로 1985년 플라자 합의가 있는데 일본과 독일을 대상으로 화폐 가치를 달러 대비 절상(엔화 강세)하도록 강제로 확정했었다.

중국이 이런 사실을 모를 리 없다. 그래서 만기가 돌아오는 미국채는 상환을 받되 신규 매입은 중단하는 방식으로 보유 비중을 낮추자는 목소리가 높아지고 있다. 막대한 미국채 포지션을 대폭 줄여 평가 손실을 피하려는 중국 정부의 행보가 뚜렷해지고 있는 것이다. 거기다 중국의 미국채 매입 축소로 국채금리가 오를 것이라는 관측까지 나온다. 양국 정부는 물론 잘 알고 있으나 일반인들은 잘 모르거나 무관심한 대목이다.

지정학적 위험은 다소 조용해졌지만 여전히 유의해야 한다. 중동에서는 이스라엘과 하마스, 헤즈볼라 간 긴장이 고조되고 있고 이란은 드론과 미사일로 이스라엘을 공격하기도 했다. 유엔 사무총장이 자제를 촉구하며 중동의 전면전 위기를 경고할 정도다. 러시아-우크라이나 전쟁도 격화일로를 걷고 있다. 트럼프가 재선에 성공했으니 전쟁 종식이 앞당겨질 수는 있겠지만 합의점을 찾기까지는 난항이 예상된다.

또한 국지전 중 어느 하나도 해결되지 않은 상태에서 대만의 지정학적 리스크가 다시 불거지고 있다. 미국이 모든 전장을 커버하기란 불가능하다. 보통 이런 식의 전쟁 전개 과정은 모두가 피하고 싶지만 지금은 동시다발적으로 지정학적 리스크가 커지는 시점에 있다. 이러면 시간이 지날수록 원유 가격이 상승할 가능성이 확률적으로 높아진다.

그런데 이런 여러 지정학적 리스크가 발발했음에도 지금은 원유 및 원자재 수요가 너무나 저점에 있어 가격 상승은 미미한 상황이다. 당연히 글로벌 경기는 침체가 맞다. 특히 중국의 경우 경제 성장률이 지속해서 낮을 것으로 예상되고 있다. 이런 상태가 지속되자 연준은 정무적 판단과 더불어 기준금리 인하를 시사했다. 실제로 금리를 인하한다면 다시 한번 인플레이션의 파도가 들이닥치리라고 필자는 생각한다.

한국 부동산 투자 타이밍과 환율 및 주가지수 연관성

반복해 강조하지만 한국 자산 투자 타이밍을 알 수 있는 가장 영향력이 큰 요인이 환율이라는 점은 변함이 없다. 다만 환율이 추세적 하락, 즉 원화 강세로 이어질 수 있는 국면인지에 대해서도 면밀히 살펴야 한다고 강조했다. 아무튼 뭣도 모르고 원화 강세가 되니까 이제 다시 한국 자산에 투자할 타이밍이라고 외치는 이들을 경계하고 원화 강세가 추세적일 수 있는지 다소 시간을 흘려보내면서 체크해야 한다.

환율과 주가지수는 필자가 늘 흥미롭게 살펴보는 수치들이다. 환율과 주가지수는 강한 역의 상관관계를 가지는 경향이 있다. 필자는 한국 주식과 환차익을 자신들의 안정적인 저금통쯤으로 여기는 그룹이 분명 있으리라고 생각한다. 이들은 해외자본에 노출이 많이 된 결과로 한국 주식이 조금이라도 높아지면 매도 후 환차익을 보며 빠져나가는 것을 선호한다. 이러면 원화를 달러로 바꾸어 나가기 때문에 원화는 시중에 많이 풀리고 달러는 시장에서 줄어들어 원/달러 환율이 상승하는 요인이 된다.

이런 메커니즘에 원화 환율 변동 폭이 커지는 기간에서 해외자본들이 주식 매매와 환차익 두 가지 이득을 얻을 기회를 놓치기란 쉽지 않다. 한동안 원/달러 환율은 변동 폭이 클 것이 자명하다. 기준금리 인하가 시작된다면 언제 블랙스완이 나타나도 이상하지 않은 상황 속에서 자산 가격 상승이 다시 시작되는 모양새가 될 테니 말이다.

이러한 때에 투자 계획이 있는 사람이라면 일단 미국 기준금리 인하가 실제로 단행되는 것을 확실히 확인한 후 움직여야 한다. 무주택자라면 주택 매수 타이밍을 잡아야 한다. 다주택자라면 투자 포트폴리오 재구성에 들어가야 할 때로 낮은 가치의 자산을 매도하고 원하는 가치의 자산을 매수하는 작업을 해야 한다.

필자는 무주택자든 다주택자든 매수자 입장에서 적절한 타이밍을 지속해서 짚어갈 것이다. 매도는 각자 판단 하에 주관적으로 진행할 것을 추천한다. 매도 후에는 언제나 일말의 후회가 있을 수밖에 없으니 자기만의 기준으로 판단한 후 결단해야 그나마 후회가 덜하기 때문이다. 다만 필자가 보기에 2024년 하반기 이후 미국 기준금리 인하가 실행된 후 한국은행의 베이비컷 기준금리 인하가 시작되는 시점이 새로운 투자 타이밍이 되지 않을까 싶다.

5장

실전 부동산
투자 해보기

TIMING

나는 적정한 가격으로 집을 샀을까? 부동산 적정 매수 가격 판별 방법

아파트 매수 시 해야 할 생각

먼저 본인의 재무 상황상 문제가 없을 금액(대출 및 이자 포함)으로 아파트를 매수해야 한다. 서울 수도권 혹은 지방 광역시 소재의 소형 아파트를 매수할 때 얼마의 금액이 들지 지금부터 필자와 계산해보자. 이는 구체적인 아파트를 찍고 매매가를 확인한 후 알려주는 손해 보지 않는 가격 추정 경로이니 잘 따라오길 바란다.

기준금리, 물가 갭과 부동산 연 임대료율(월세율)을 통해 부동산 하락기 하방지지 가격을 추정해보겠다. 이런 지식 위에서 부동산 적정 매수 가격을 판별하는 필자만의 프로세스를 공유하겠다.

기준금리 - 물가 상승률 = 금리 물가 갭

3% - 5% = -2%

금리와 물가 갭이 플러스면 향후 금리가 내려갈 가능성이 높고 반대로 마이너스면 향후 금리가 올라갈 가능성이 높다. 이해를 돕기 위해 기본적인 가정을 해보자면 물가 상승률보다는 기준금리가 살짝 낮거나 같다. 즉 안정적인 수치는 -0.5% 내지 -1% 라고 생각한다.

일시적으로 폭발적인 경제 성장 혹은 경제 위기 및 외환 위기 상황에서는 물가 상승률보다 기준금리가 높을 수 있다. 경제 위기로 인한 안전자산 선호(달러 매수)로 해외자본이 빠져나가는 상황에서 이를 잡기 위한 기준금리 인상으로 자산 가격이 급격하게 무너지는 상황이 올 수도 있는데 이런 극단적으로 현금이 왕이 되는 상황은 배제했다.

금리, 물가 갭 관련 실제 사례로 2022년 초 미국과 같이 금리, 물가 갭(1%-8%=-7%)이 마이너스로 아주 컸기 때문에 이후 금리가 인상될 가능성이 아주 높았다. 이때 임대료(월세)가 물가를 추종해 따라 상승하거나 임대 물건(주택, 건물)의 매매 가격이 낮아지는 두 가지 옵션이 적절하게 밸런싱되는 현상이 발생했다. 이는 이전 장에서 언급한 채권 가격 변동 메커니즘과 같다.

사실 적정 임대료가 정확히 얼마인지 확정하기란 불가능하다. 부동산 현장에서는 상승한 물가에 맞춰 임대료 역시 인상하는데 여기에는 임차인의 저항선이 분명히 존재한다. 이는 도시 근로소득자의 근로 소득 평균 등의 데이터로는 정의될 수 없는, 말 그대로 시장에서 보이지 않는 손을 통해 정해지는 시장 가격이다.

따라서 지금 소개할 가격 경로는 몇몇 지역의 실제 사례를 기반으로 한 다소 실험적인 필자의 추론임을 미리 언급한다. 현실 월임대료의 확정은 부동산 현장에서 얼마나 수요가 있고, 현재 금리와 물가를 반영해 얼마 정도로 세팅하면 되는지 공급자와 수요자가 서로 꾸준히 찔러보고 피드백을 받으며 정해지기 때문이다.

임대 수익률 기준으로 본 아파트 가격 변화

일반적으로 연 임대료 수익률은 기준금리와 유사하거나 그보다 높은 수준에서 형성된다. 다만 이때 서울 핵심지 내 사치재 성격을 띤 아파트는 제외해야 임대료 수익률 왜곡을 피할 수 있다. 물론 입지가 좋다고 해도 부동산 하락기에는 유동성 확대로 부풀어 오른 가격만큼 조정을 받는 모습을 흔히 목격할 수 있다.

2024년 7월 한국의 기준금리는 3.5%, 물가상승률KDI(기대인플레이션)은 3%대에 머물러 있었다. 이에 따라 금리와 물가의 격차는 0.5% 포인트로 향후 금리 인하 가능성이 높아 보였는데 이미 한국은행이 기준금리 동결을 지속하자 금리 인하 시점을 두고 관측이 분분한 상황이었다.

현재 4억 원 내외 수도권 외곽 아파트의 월 임대료는 대략 보증금 2,000만 원에 월세 100만 원 수준이다. 정확히 연 임대료율은 3%이고 편의상 2개월치 월세(비용, 수리비 등)를 뺀 월 임대료율은 2.5%이다. 전세 혹은 반전세 역시 금리 영향을 많이 받아 월 임대 주택 공급물량에 영향을 미치고 이는 월 임대료를 결정하는 요인이 되지만 여기서는 단순하게 월 임대료가 어떤 메커니즘에 의해 수렴이 되는지만 확인하겠다. 이 개념을 인지하는 것이 부동산 투자에서 정말 중요하기 때문이다.

한국 기준금리가 향후 3% 정도라고 봤을 때 단순하게 4억 원 아파트의 월 임대료(2개월 치 월세를 제한 임대료)가 최소 3% 정도인 월 120만 원까지 상승한다면 4억 원이라는 아파트 가격은 그대로 유지될 것이다. 사실 이 정도로 월 임대료가 슬금슬금 올라가는 데는 크게 문제가 없어 보인다.

여기서 이 아파트는 한국 기준금리가 1%대였던 2022년 상반기까지만 해도 매매 가격이 5억 원을 웃돌았다. 이후 2022년 하반기부터 기준금리가 급격하게 오르기 시작하자 조정된 매매 가격이 4억 원 내외였다. 임대 수익률과 기준금리가 밸런스를 맞추도록 가격이 조정된 사례였다.

반대로 만약 한국 기준금리가 향후 4%까지 상승한다고 가정하면 단순하게 4억 원 아파트의 월 임대요율은 최소 4% 정도인 월 160만 원까지 상승해야 4억 원인 아파트 가격이 그대로 유지될 수 있다. 하지만 누가 봐도 월 임대료를 단번에 60% 이상 인상한다는 건 불가능함을 알 수 있다. 만약 인상한다면 바로 수요의 부재를 가져올 것이고 이는 임대인이 공실이라는 최악의 상황에 직면하도록 만들 것이다. 여기서 타협이 이루어지게 된다. 60%의 절반 정도의 인상인 30%, 즉 130만 원 정도로 임차가 맞춰지게 되면 해당 아파트의 가격은 얼마가 적정선이 될 것인지를 추론해보면 되는 것이다.

금리가 4% 내외인데 4% 정도의 월 임대료율이 되어야 한다는 시장 논리가 적용되면 이 아파트는 130만 원 월 임대료가 월 수익률 4%가 되는 지점까지 아파트 가격이 하락하게 된다. 즉 아파트 가격의 월 임대료 4% 수준인 130만 원이 되는 가격인 3억 3,000만 원 수준(132만 원)까지 조정될 수 있다는 이야기다. 계산의 편리함을 위해 미세한 수치는 절삭했고 연 임대료율이 아닌 월 임대료율로 계산했음을 참고하길 바란다.

사실 이처럼 단순한 논리만으로 주택 가격의 저점이 명확히 설명되기는 어렵다. 전·월세 공급량, 계절성, 정책 변화 등 수많은 변수가 작용하기 때문이다. 그럼에도 기본적으로는 금리와 물가 그리고 금리와 임대료 간 격차에 따라 주택값 변동이 발생한다고 볼 수 있고 상업용 부동산 가격 결정에는 이 법칙이 더욱 직접적으로 적용된다.

참고로 2021년 부동산 가격 정점 당시 서울 중급지 아파트의 임대료율은 2%, 중상급지는 1% 수준이었다. 가령 15억 원에 거래되는 99.17m²(약 30평)형 아파트라면 보증금 5억 원에 월세 100만 원 혹은 보증금 3억 원에 월세 150만 원이 관행이었다. 당시 기준금리가 1.75%임을 감안하면 임대료 수준이 이에 맞춰 형성됐음을 알 수 있다.

이후 기준금리가 두 배 정도인 3% 내외까지 올랐을 때 임대료 역시 보증금 5억 원에 월세 200만 원 혹은 보증금 3억 원에 월세 300만 원으로 상승이 가능한가를 따져보면 된다. 거의 불가능하다. 그러면 지불 가능한 임대료로 조정되면서 아파트 가격이 조정되어 월 임대수익률 3% 정도에서 맞춰지게 되는 것이다.

수도권 중급지 보증금 3,000만 원 월세 100만 원 정도인 66.12m²(약 20평)형 B아파트는 시세가 5억 원이었다. 매매 가격 대비 2% 정도 수익률이다. 그런데 금리가 3% 이상 오르자 매매 가격이 조정되었다. 2024년 당시 해당 아파트는 월세는 다소 상승해 120만 원까지 거래가 되었으나 매매 가격은 하락해 4억 원 내외에서 호가가 형성되었다.

금리가 급하게 올라갈수록 임대료는 조금씩 올라가면서 매매 가격이 조정받는다는 것을 잘 보여주는 사례다. 서울 수도권 중상급 지역은 이보다 낮은 수익률을 보이긴 하겠지만 올라가는 금리를 추종하지 않을 수 없다. 보통 이미 높은 월세로 세팅되어 있기 때문에 금리를 추종하려면 매매 가격이 떨어져야 한다.

임대 수익률과 그 외 감안 요인

사실 전·월세 전환율 갭 역시 임대료 산정 및 시세에 영향을 미친다. 가령 대출을 매매 가격이 어느 정도일 때 70%를 받았는가 또는 갭투자의 경우 전세 비율은 얼마인가에 따라 미세하게 조정된다. 현재 전·월세 전환율은 전세 1억 원 대비 3%인 30만 원 정도로 형성되어 있다. 금리가 올라가면 이런 부분들도 자연스럽게 조정되기에 복잡계의 양상을 잘 보여주고 있다.

다시 정리하자면 금리가 올라가면 월 임대료 역시 적당한 갭을 두고 올라가야 한다. 그런데 하염없이 월 임대료를 올릴 수는 없기 때문에 아파트나 건물의 매매 가격 자체가 떨어지게 된다. 이 떨어진 매매 가격 때문에 대출을 받을 수 있는 총량이 감소해 결과적으로 대출 이자 절대금액이 낮아지도록 강제되는 현상이 발생한다. 아파트나 건물 가격이 하락하는 이유다. 수요·공급 곡선과 금리를 대비해보면 밸런싱이 맞춰지는 금액대가 생겨나게 된다.

이런 메커니즘으로 부동산 가격은 움직여야 한다. 한국의 경우 특유의 전세 제도가 있어 하방지지를 더욱 튼튼하게 하는 경향이 있었다. 그리고 반전세조차도 월세가 증가하는 부분에 대한 임차인들의 저항이 금리 인상으로 인해 다소 줄어 들었다. 그렇지만 기준금리가 상상 이상으로 높아진다면 전세 수요가 월세 수요 혹은 저가 전세로 전환하면서 수요 감소로 인한 역전세가 나타나고 이는 전세 가격이 매매 가격의 하한선이라고 맹신했던 그룹들을 흔적도 없이 쓸어버릴 수도 있다. 수없이 반복해 강조했듯 서울 수도권 내 아파트 두 채만 역전세를 맞아도 임차인에게 돌려줘야 할 보증금이 몇억 원이 되니 임대인에겐 손을 쓸 수 없는 상황이 생길 수밖에 없다.

지금까지 필자가 한 시뮬레이션은 부동산 가격과 금리, 물가의 연관성을 이해하기 위한 이론적인 모델일 뿐이다. 알다시피 부동산 시장 현장 디테일은 엄청난 요인들이 서로 영향을 주고받으며 피드백 루프까지 이루어지는 복잡계 그 자체다.

이럴 때 세워야 할 투자 전략은 최악의 금리를 생각해두고 대비하는 것이다. 다소 길게 향후 조정될 수 있는 부동산 가격대를 추론해봤지만 그저 글의 유희일 뿐이다. 투자자는 최악의 상황까지 대비하는 자세를 갖추는 것만이 투자 시장에서 살 길이다.

매수자 입장에서 본 아파트 적정 가격

이제 구매자 입장에서 아파트 가격이 과연 어느 수준까지 내려가야 안심하고 매수할 수 있을지 필자의 투자 기준을 예시로 들어보겠다. 본인이 노리는 물건에 이 기준을 대입해보면 대략적인 매수 적정가를 가늠할 수 있을 것이다.

필자가 매입을 고려 중인 수도권 소형 아파트의 매매 호가는 5억 원, 전세 1억 원에 월세 120만 원 수준이다. 2024년 기준으로 가격은 큰 변동이 없고 월세도 비슷한 수준에서 형성되어 있다. 과연 얼마에 사야 손해를 피할 수 있을까?

우선 앞서 언급한 수익률 고정 상수 5%를 기억하자. 본래는 연수익률 개념이지만 편의와 보수성을 위해 월 수익률 5%를 적용해보기로 한다. 쉽게 말해 현재 월세를 감안할 때 매매가가 얼마여야 월 수익률 5%를 달성할 수 있느냐는 것이다. 금리 변화에 따라 월세와 매매가가 연동된다는 가정을 전제로 삼되, 매매 시점에서 절호의 매물을 발견한다면 수익률이 5%에 못 미쳐도 매입을 고려해볼 만하다.

보증금이 1억 원이기 때문에 4억 원(5억 원-1억 원)으로 월 200만 원 수익(5%)이 가능하다면 바로 매수하면 된다. 하지만 불가능하다. 4억 원으로 매수한다면 3억 원(4억 원-1억 원) 기준 월 150만 원 수익이 가능한지 확인하면 되지만 이 역시 쉽지 않다. 3억 5,000만 원으로 매수하고 2억 5,000만 원(3억 5,000만 원-1억 원) 기준 월 125만 원 월세가 가능한지 확인한다. 대략 가능할 것으로 계산된다.

이런 식으로 매수 가격과 월세를 연동해서 매수하면 손해볼 수 없는 가격대에 매수가 가능하다. 여기서 핵심은 호가로 나와 있을 월세가 실제로 거래가 되고 있는지 여부다. 이 부분은 본인이 월세를 찾는 세입자인 척 부동산에 확인 전화 한 통만 걸면 간단하게 해결된다.

정리하자면 아파트 구매 범위가 보증금 1억 원에 월세 120~150만 원 정도이고 매수 가격도 3억 5,000만 원~4억 원 사이의 컨디션 좋은 물건(현장 조사 필수)을 잽싸게 매수하면 된다. 이는 전세 가격으로 매수 가격 적정성을 따지는 것보다 훨씬 보수적이고 수익 면에서 뛰어난 접근법이다. 혹시 금리가 더 인상된다 하더라도 버틸 수 있고 향후 금리가 낮아진다면 매매 가격이 올라가 수익률이 내려가며 낮은 금리를 추종할 가능성도 높아진다.

물론 서울 수도권 핵심지 여부에 따른 수익률에 차별화가 필요하다. 지위재와 사치재 성격을 띠는 아파트는 2019년 월세 수익률을 기준으로 하고 있다. 프리미엄이 가격에 녹아 있어 월세 수익률이 떨어지지만 이 또한 가격 하방지지에 큰 영향력을 행사하는 요인이다.

이제부터 각자 매수를 원하는 주택에 위 프로세스를 적용해서 적정 매매 가격을 산출해보는 작업을 꼭 해보길 바라겠다.

실제 사례로 알아보는
부동산 매수 기술

이제 대략 부동산 매수 가격이 어느 정도여야 적절한지 인지한 후 지금 이 타이밍이 부동산 상승 구간이냐 하락 구간이냐를 확인하고 매수를 진행하면 된다. 그전에 먼저 부동산 상승 재료에 대한 필자의 생각을 공유하고자 한다.

그때그때 다른 부동산 상승 재료 적용 방식

서울 롯데월드타워는 건축 진행이 50% 정도 된 후 인근 지역 투자를 강하게 야기했었다. 당시 필자는 지방 부동산 가격 상승을 확인한 후

2014년 서울 내 전반적인 부동산 가격 상승까지 확인한 다음 2015년에야 롯데월드타워 건축이 선릉~올림픽공원 지역에 호재라고 언급했었다.

현대 삼성동 글로벌비즈니스센터는 이미 서울 핵심지 상승 중반기를 지난 상황에서 착공을 하게 되었다. 이 타이밍에서는 영동대로 개발 보도자료 같은 페이퍼만으로도 인근 지역 및 주변 지역(동작~올림픽공원)을 바로 현장 조사해야 한다고 했었다. 자산 가격이 한창 상승 중일 땐 동네 수퍼마켓 착공 소식도 호재다.

이런 맥락에서 개발 호재는 실제 공사 진행 중일 때 그리고 완공 즈음일 때 등 주요 스텝마다 자산 가격 상승 국면인지 하락 국면인지를 보고 움직여야 한다. 하락기일 땐 롯데월드타워를 짓기 위해 땅 파고 있는 걸 봐도 호재가 아니다. 싱크홀, 석촌호수 물 빠짐만 이슈가 될 뿐이었다.

주택 매수는 부동산 침체 국면 때 집중적으로 하는 것이 유리하고, 타겟 주택의 투자성을 확인하기 위한 가장 쉬운 방법은 해당 주택 혹은 건물을 지우고 주변을 바라보는 것이다. 그러면 보이는 게 주변 인프라다. 교통과 학군, 생활 인프라는 시간이 갈수록 좋아지는 경향을 보이기 때문이다.

지방 부동산 상황, 전세 가격 추세, 필수재에 해당하는 수도권 택지지구 소형 아파트들의 가격을 보면 대략 바닥을 알 수 있고 블랙스완급 외부 충격이 없다면 바닥을 다진 상황에서의 개발 호재는 상승 재료로 급부상한다. 이런 타이밍에 따른 진입이 필요하다.

상승 기세를 캐치했다면 과감한 매수를 할 때다. 원하는 부동산을 매수하겠다고 결심한 때 심리전이 시작된다.

부동산 매수 시 발생하는 심리전

부동산 거래는 일상적으로 발생하기보다 특정 시점에 집중되는 경향이 있다. 이러한 상황에서 이해관계자들은 신중하게 의사 결정을 내려야 하며 때로는 첨예한 대립과 심리전이 벌어지기도 한다.

부동산 시장이 침체되거나 상승세 초반에는 많은 사람이 부동산으로 돈을 벌 수 있는 시대는 이제 지났다고 말한다. 그러나 필자는 이런 상황에서도 사전에 물색해 둔 부동산을 망설임 없이 매수하곤 했다. 이때 매수자와 매도자의 심리 상태는 매우 뚜렷하게 대비된다. 부동산 중개사는 매수자와 매도자 간의 입장 차이로 인해 가격 조율에 어려움을 겪을 수 있지만 양측을 만나게 함으로써 거래 성사를 위해 노력한다.

중개사의 심리는 항상 같다. 상황이 좋든 나쁘든 누군가를 일단 자신의 편으로 만들고 반드시 거래가 성사될 수 있게 유도한다. 이는 당연한 행위다. 그래야 본인에게 수입이 생기니 방향성이 매매 성사로 흐를 수밖에 없다. 매수 매도 당사자가 마주하면 적절한 네고로 계약서 작성이 원활해짐을 누구보다 잘 알고 있는 것이다.

중개사는 보통 희소성이 있는 쪽의 편을 들어 거래를 성사시킨다. 상승세나 하락세에 따라 다르긴 한데 매물이 없으면 매도인, 매수세가 없으면 매수인 쪽의 대변을 많이 하는 경향이 있었다.

사실 매도자 입장에서 보자면 침체기 시즌의 매도자는 패를 까놓고 도박을 하는 것과 다를 바 없다. 아무리 급하지 않다고 말해도 가격이 맞지 않는데 협상 테이블에 앉은 자체가 매도를 해야 한다는 암시를 주며 압박하기 때문이다.

반면 이 타이밍에서 매수자는 급할 것이 없다. "아~ 네고가 어렵네요. 그럼 계약 안 할게요." 이 멘트면 상황 끝이기 때문이다. 대체제가 워낙 많아 선택지가 넓기도 하고 굳이 네고도 해주지 않으면서 자기 자신의 입장만 주장하는 매도자와는 거래하지 않으면 그뿐이다. 필자는 2004~2005년 지방광역시, 2009년~2016년 서울 수도권 안개 속이던 부동산 시장의 매수 시점에서 위와 같은 매도자 vs. 매수자 vs. 중계사 간의 심리전을 겪었었다.

협상 네고 후 너무 싸게는 팔지 못하겠다며 계약을 깼던 매도자가 몇 개월 후 그 가격보다 더 낮은 가격으로 매도를 하겠다고 연락이 왔던 경우도 있었고, 부동산 사장님이 매수 중도금을 자신의 돈으로 해결하고 잔금 때 필자가 드렸던 경우도 있었다. 잔금 때 현금이 만들어지는데 중도금을 해결할 방법이 없어 망설이던 필자에게 부동산 사장님이 과감히 중도금을 빌려주었던 경우인데 침체기 때 이런 경우가 제법 있다. 공인중개사 입장에서는 거래가 무조건 되게 하는 게 본인에게 이득이기 때문이다.

이런 분위기일 때 정말로 매수하겠다는 진정성을 가지고 부동산에 가서 확실히 멘트를 날리면 대부분 부동산에서 자기가 가지고 있던 물건 중 최고로 위치가 좋고 적당한 가격대의 물건을 내놓는다. 잘 팔릴 물건 위주로 먼저 소개하는 것이다.

최종 선택은 본인이 해야 하지만 아무리 임장하고 임프라를 분석하더라도 로얄동의 디테일은 살고 있는 사람 외에는 알 수 없는 점들이 있으니 실질적으로 디테일이 좋은 물건이 나올 수밖에 없다.

현재 수도권에서 월 임대료를 받고 있는 물건들은 모두 부동산 침체기 때 필자가 매수한 건물들로 월 세입자가 장기로 거주하고 있다. 해당 지역 혹은 해당 단지에서 중상급에 해당되는 물건을 매수한 결과다. 이후 그 중 한 곳은 필자가 직접 살아보고서야 이곳이 정말 로얄동이 맞았음을 알 수 있었다. 아이가 학교 교실에 들어가기 전까지 육안으로 식별이 되는 동이었다.

부동산 침체기가 아닌 호황기라면 매수자 입장에서 상황은 데칼코마니처럼 정반대가 된다. 즉 매도자 우위가 된다. 매도자가 협상 테이블에서 몇 백 몇 천을 그냥 올려버린다. 난감하다고 하면 "그럼 안 팔아요" 하는 멘트를 날린다. 2017~2021년 상반기까지 상황이 이랬다. 그런데도 대부분 사람이 적당한 시세 상승기가 된 후 매수자 입장이 불리하게 되고서야 매수를 한다는 점이 참으로 의아하다.

부동산 매수 시 발생할 수 있는
최악의 상황을 늘 고려하자

한국 최악의 경제 상황

필자가 생각하는 한국 최악의 상황은 전쟁보다 남북 통일이다. 단기적으로 글로벌가치사슬Global Value Chain, GVC의 건재함(코로나19 초기 미국의 한국 입국 거부 제외, 바이든 평택 방문 등)을 보며 극동아시아에서 전쟁이 일어날 확률은 희박하다고 간주했고 금융 위기 또한 한국에서 또 다시 일어나지 않고 타국에서 일어난다면 견딜 수 있으리라고 생각한다.

이런 관점에서 봤을 때 겁나는 상황이 외환 위기가 다시 오는 것보다 더욱 임팩트(기대값, 영향 등)가 클 수 있고 그 영향력을 알 수 없는 남북 통일(한국의 북한 흡수 통일)인 것이다. 그래서 독일이 통일되었던 상황을 스터디하고 금리까지 체크했었다.

독일 통일을 스터디하며 기준을 만들 시점인 2019년 하반기 한국 기준금리는 1.5%였기에 남북 통일 후 금리 인상이 추가로 5.5% 정도라고 보수적으로 추정했다. 따라서 한국 최악의 기준금리 7%는 보수적이고 여력이 있는 추정이고 실제로는 기준금리 5~6% 정도 스트레스 테스트를 해봐야 한다고 생각했었다.

이후 한국 기준금리가 제로로 수렴하면서 최악의 추정 또한 낮아졌지만 연준의 기준금리 인상을 따라 2023년 초에는 3.5%까지 상승하게 되었다. 이를 통해 최악의 상황만 대비해둔다면 중간 정도 위기는 커버가 가능하다는 것을 확인할 수 있었다.

코로나19 시기에는 훗날 양적 완화 출구 때 대공황, 리세션, 외환위기 등이 오더라도 한국 양적 완화 본격화, 즉 유동성 대폭 확대로 인해 한번은 자산 가격이 폭등할 수밖에 없는 상황이었다.

따라서 유동성 극대화 환경 속에서 무주택 스탠스를 견지하는 것은 맨몸으로 좀비들을 상대하는 것과 극히 유사한 상황이었다. 현금자산을 다른 실물자산 형태로 바꾸어 두지 않으면 현금자산(거래 매개체의 역할뿐)의 소진을 온몸으로 느끼며 몸과 마음이 지쳐갈 뿐이었다.

이런 상황에서의 투자 전략은 최악의 경우 대비에 치중하면 된다. 최악의 경우 내가 잃어도 되는 것들만 확실히 해둔다면 무서울 것이 없어지고 마음의 후달림이 진정된다. 이 책의 레버리지 관련 이후 나올 컨틴전시 플랜Contingency Plan 관련 내용을 읽은 후 본인의 상황에 맞게 조정하면 도움이 되리라고 믿는다.

독일 통일 시 금리(한·미 기준금리 차이도 체크했었지만 현재는 별 의미가 없어짐)를 감안해 +5%까지 기준금리가 더 오를 때 버틸 수 있는지 그리고 역전세 및 대출금 상환 압박을 대비해서 대출의 30% 내외 현금보유Stock을 언급했었다.

이후 코로나19 팬데믹 즈음 기준금리는 급하게 인하된 만큼이나 급하게 상승했다. 이 또한 그 누구도 예상할 수 없었던 경우였다. 이처럼 대비가 되지 않으면 속수무책일 경제 환경은 언제든 도래할 수 있다는 기본 전제가 깔려 있어야 한다. 현재 필자는 현금 보유를 늘리고 있다. 지속적으로 이런 최악의 상황을 경제 환경 변화에 맞춰 대비하고 있는 셈이다.

또 다른 극단의 경우로 화폐 개혁을 들 수 있다. 디지털화폐 개혁이 유력하리라고 필자는 생각한다. 화폐 개혁은 자산을 가진 사람들에겐 긍정적 리워드를, 월급에 의존하는 사람들에겐 부정적 리워드를 주는 이벤트다.

화폐 개혁을 왜 해야 하는가는 국내 요인(경제 상황, 단위 불편함 등) 뿐 아니라 신용화폐라는 글로벌 매트릭스 안에서 볼 필요가 있고 한국의 화폐 개혁은 그저 기축통화 달러 대비 원화 강세를 위한 지엽적인 이벤트일 뿐이라는 게 필자의 생각이다.

지금처럼 환율이 지속적으로 상승한다면 원화 강세를 위해 남아 있는 방법은 거의 유일하게 화폐 개혁일 수도 있다. 이것이 필자가 한국의 화폐 개혁을 바라보고 접근하는 관점이다. 그나마 환율 위기 시 내놓을 카드는 되지 않을까 싶다. 화폐 개혁 이후 부닥칠 후유증은 대부분 사람이 알다시피 물가와 자산 가격 상승으로 만약 정말 그렇게 된다면 실물자산 소유가 필수적이 된다.

이 정도가 현재까지 필자가 생각하는 한국 경제 최악의 경우에 대한 예시였다.

컨틴전시 플랜

부동산 투자에 있어 컨틴전시 플랜(비상 계획)을 마련해두는 것은 매우 중요하다. 필자 역시 20여 년간의 투자 경험을 통해 이를 절감하게 되었다. 2008년 금융 위기를 비껴갔다고는 하나 언제 어떤 형태로 위기가 다시 닥칠지 모른다는 사실을 깨달은 것이다.

그동안 자산을 축적하면서 다시는 IMF 외환 위기 때와 같은 처참함을 맛보지 않으리라 다짐했지만 한편으로는 일말의 의구심을 지울 수 없었다. 회의적이고 소심하게 타고난 성격 때문이라고 여겼던 이런 생각은 미국의 경제학자 나심 니콜라스 탈레브의 저서들을 접하며 크게 변했다. 그의 책은 필자의 사고에 지평을 열어주었고 나아가 이를 콘텐츠화할 용기까지 북돋워 주었다.

필자는 시간을 내어 나심 니콜라스 탈레브의 모든 책을 섭렵했고 한동안은 퇴근길에 이 책들을 읽을 생각에 즐거움으로 가득 찼었다. 『행운에 속지 마라』『스킨 인 더 게임』『블랙 스완』『안티프래질』모두 필자의 모든 주관적인 부동산 투자 행위의 근거를 마련해준 책이다. 발행 연도가 순차적이지진 않지만 혹시 필자의 추천으로 그의 책을 읽어볼 독자라면 위의 순서대로 읽으면 접근하기가 한결 수월하리라고 자신한다.

사실 그동안 부동산 투자의 성공과 실패 대부분에 운이 많이 작용하고 있음을 느꼈고 이런 부분에서 근거가 되어준 나심 니콜라스 탈레브의 책들을 접한 순간 컨틴전시 플랜(비상 계획, 위기 대응 방안) 및 리던던시redundancy(잉여 보유, 여분)를 더욱 공고히 해야겠다는 다짐을 하게 되었다.

다주택로서 필자는 항상 전세 가격을 모니터링하고 있다. 역전세를 다주택자의 가장 큰 위기 상황이라고 보고 있으며 일정 수준의 현금을 보유Stock하려고 노력하고 있다. 물론 <3장 대출을 지렛대로 활용하자>에서 충분히 언급했듯이 대출을 금리와 환율 추세를 보며 일으키기도 해야 한다. 하지만 언제 들이닥칠지 모르는 위기 상황에 대한 기본적인 대비는 투자를 하려는 사람이라면 반드시 대비가 되어 있어야 한다.

반복하자면 필자는 보통 자산(순자산+보증금)의 30%를 넘지 않게 대출을 일으키고 있고 대출금의 30%를 유동성(현금+마이너스대출)으로 확보하고 있다.

본인만의 위기 대응 플랜이 있어야 위기를 버티고 이후 기회를 노려볼 수 있다. 그리고 확보된 유동성Stock은 다주택 투자자 최악의 리스크인 역전세 상황에서도 일단 생각할 시간을 벌어준다.

2020년 전후로 서울의 주택 가격이 급등하면서 전세 보증금 대비 매매가 비율이 다소 낮아진 적이 있다. 당시만 해도 주택 가격이 전세 보증금 이하로 떨어질 수 없다는 자신감 어린 전망이 지배적이었다. 물론 상황에 따라서는 맞는 말일 수 있다. 그러나 비관적인 미래를 가정한다면 상황은 충분히 달라질 수도 있는 법이다.

사실 이런 부분을 분석적으로 입증하고 논거를 제시하며 장담하고 싶지는 않다. 그간의 부동산 시장 경험상 이런 작업이 무의미할 때가 많았기 때문이다. 다만 대비하는 자세는 견지해야 할 것이다.

그렇다면 필자가 염두하는 가장 비관적 시나리오는 무엇일까? 바로 전세 보증금 자체가 30% 이상 폭락하는 상황이다. 과연 그런 일이 있을 수 있을까 싶겠지만 2022년 이후의 조정기를 보면 불가능한 얘기만도 아님을 실감하게 된다.

매매나 전세 가격이 하락하는 경우 자가에 실거주하는 사람은 경제적으로 힘들더라도 자신의 집을 지키며 후일을 도모하고 버텨 헤쳐나가려는 성향이 강하다. 하지만 세입자들, 특히 고액 전세입자들의 경우 역전세와 금리 인상이 동시에 일어나는 상황이라면 과연 어떻게 반응할까?

아마 2010년 쯤부터 그 이전과 다른 현상들이 나타나기 시작했다. 전세자금대출이란 걸 통해서 본인 능력 이상의 삶을 살고자 하고 그걸 당연하게 받아들이는 사람이 늘어난 때였던 것 같다.

전세자금대출이 사람의 심리를 교묘히 파고들었다. 신도시 중심부에 첫 전세를 싸게 살던 세입자는 2년 후 말도 안 되게 올라버린 전세보증금을 일단 인정할 수 없었다. 대부분 사람이 그런 금액으로 전세가 나갈 리 없다고 반응했다. 하지만 곧 부동산을 통해 상황을 알아보고 시세가 맞음을 확인하면 이제 선택의 시간이다.

자신들의 자산에 맞춰 전세보증금이 낮은 곳으로 가거나(이게 쉽지 않다. 이미 신도시 중심부의 인프라를 만끽한 상황이고 대부분 맞벌이다 보니 이런 깔끔한 신도시 라이프를 포기하지 않으려고 한다) 전세자금대출을 받아 계속 머물 수도 있다.

이런 식으로 대출에 의지해 좋은 곳에서 생활하는 습관이 들면 정말 어려운 상황이 아닌 한 신도시 이하로는 이주하지 않으려 한다. 자신들의 능력이 아닌 거품(전세대출)을 통한 허상이 있는 생활을 즐기기 시작한다. 2013년 정도만 해도 다주택자들을 하우스 푸어라 비꼬던 무주택자들이 전세자금대출을 통해 집값의 하방경직을 도왔던 것이다. 아이러니한 일이 아닐 수 없다.

이후 2021년 최고점을 찍은 전세 가격과 더불어 매매 가격도 최고점을 찍게 된다. 2022년 들어 급격한 금리 인상으로 전세입자들은 순식간에 재무적으로 부담이 덜한 곳으로 이주를 시작한 게 역전세의 시발점이 되었다.

이 모든 과정의 배경에는 양적 완화와 긴축이라는 거시경제 기조의 변화가 자리하고 있다. 팽창된 유동성은 개인의 소득 향상으로 이어지기보다 자산 가격 상승에 집중되었다가 유동성 축소와 함께 급랭한 것이다. 그 결과 생활 물가는 오른 채로 자산 가격만 폭락하는 최악의 시나리오가 현실화되고 있다.

컨틴전시 플랜 적용 사례

2019년경 월세는 저금리 기조에 맞춰 대출금리보다 약간 높은 수준으로 형성되었다. 오피스, 상가주택뿐 아니라 주택과 아파트 가격 역시 이러한 메커니즘에 따라 결정되는 경향이 있다. 2022년과 같은 금리 인상기에는 월세가 함께 오르지 않으면 주택 가격 하락이 불가피한데 실제로 그러한 조정 국면을 맞이하고 있다.

매매가 하락과 역전세 현상이 본격화되고 금리마저 급등한다면 임차인들은 감당하기 어려운 이자 부담과 줄어드는 전세자금대출에 직면하게 된다. 이 경우 기존처럼 버티고자 하는 성향을 보이지 않는다.

임대 계약이 2년이기 때문에 그동안은 안전하지 않을까 생각하는 사람도 있을 듯하다. 하지만 케이스별로 좀 다르긴 하지만 이사비, 복비를 지불하면서까지 어려워진 재무 상태에서 빠져나오려는 사람은 생기기 마련이다. 이런 케이스가 동시다발로 진행되면 속수무책으로 참담한 결과가 올 수밖에 없다.

이런 상황이 있다는 걸 알기 때문에 계약갱신청구권과 전월세상한제를 실시할 때 임대인들도 역전세 때 5%만 보증금 하락분을 돌려주면서 계약 갱신을 할 수 있는 권리가 있어야 한다고 주장하기도 했었다. 물론 많은 사람이 다주택자의 헛소리라고 생각했지만 2022년부터 시작된 역전세를 보면 아주 근거 없는 주장이 아님을 느끼는 사람도 있을 듯하다.

특히 계약갱신청구권을 쓴 임차인의 경우 어느 때라도 이사 의사를 표명하면 3개월 내에 전세보증금을 임대인이 내어주어야 한다. 정책을 만들 때야 전세로 오래 살고 싶은 사람만 보였겠지만 상황에 따라 임차인이 더 살지 않으려 하는 경우도 있는 법이다.

이런 최악의 시나리오에 대비해 필자가 생각해둔 나름의 해법은 주택을 최대한 월세로 운용하되 전세 보증금이 가장 비싼 우량 물건에는 직접 거주하는 것이다. 보다 구체적인 컨틴전시 플랜을 소개해보겠다.

월 임대용으로 적절한 수도권 3억 원 내외 $66.12m^2$(약 20평)대 아파트는 언제든 전세 전환이 쉽다. 3억 원 정도 가격의 실거주 위주 수도권 아파트의 전세가는 2억 원 내외다. 필자는 보통 이런 곳에 1억 5,000만 원 내외의 대출을 받아 월 임대를 하고 있다. 사실 2007~2011년까지 대략 이런 곳을 1억 원 초반 금액으로 매수했기 때문에 대출 여유 등이 있을 수 있었다. 하지만 지금 월 임대용 주택을 구매하려는 사람이라면 가용대출을 모두 이용해야 한다.

유사시(역전세, 급격한 금리 인상 등) 전세로 전환하고 대출 상환 후 나머지 금액으로 역전세로 내주어야 할 금액을 충당할 생각까지 해야 한다. 이런 곳은 전세가 떨어지지 않느냐고 묻는 사람을 위해 답하자면 경제 상황이 험악하면 수도권 필수재 아파트의 임대수요(전세, 월세)는 더 늘어나는 경향이 있다. 그렇다. 안 떨어졌다.

그래서 필수재에 해당하는 아파트는 포트폴리오에 반드시 깔려 있어야 한다. 대부분 전세자금대출이 없거나 미미한 대출로 거주하고 있을 듯하다. 그렇지만 이 마지노선은 무너질 수도 있다. 그것이 바로 블랙스완이다. 단순화하자면 월세→전세 전환을 통해 여유 자금 확보 후 역전세 지역 보증금을 커버하는 식이다. 완벽한 해결책도 아닌 걸 굳이 적는 이유는 말 그대로 컨틴전시 플랜이기 때문이다. 상황이 급박해져도 이런 플랜이 있다면 일단 한차례 세찬 위기는 막아낼 수 있다.

지금과 같은 자산 가격 조정기에서는 대출과 전세 보증금을 적절한 선에서 리밸런싱하는 것이 필요하다. 대출 이자가 높아지는 것은 감내할 수 있다. 그렇지만 전세 보증금이 30% 정도 갑자기 내려버린 아파트가 두 채 이상만 되어도 다주택자들은 힘든 시기를 맞을 수밖에 없다. 특히 서울 지역은 역전세로 반환해야 할 보증금이 수억 원대가 될 수도 있으니 더욱더 대비해야 한다.

대출 규제 등으로 서울 수도권 15억 원 내외 아파트들이 가장 취약함을 보였다. 강남3구(서초구, 강남구, 송파구)의 아파트들 역시 마찬가지였다. 입지가 탁월하다고 해도 본인이 거주하지 않는 한 떨어지는 칼날은 피할 수가 없다. 금융 위기 등 블랙스완급 위기에는 이 강남3구 내에 있는 아파트들이 가장 큰 낙폭으로 떨어졌었다.

컨틴전시 플랜 요약

1. 전세 보증금이 가장 비싼 주택은 직접 주거한다.

   (대출 금액, 월 이자 비용 등을 시뮬레이션해 감당 가능해야 함)

2. 기존 주택은 대출을 일으켜 차례차례 월 임대로 돌려둔다.

3. 역전세 충당 및 재투자로만 현금 보유**STOCK**를 지출한다.

4. 소진된 현금 보유고**STOCK**를 일부 물건 매도 및 전세 전환으로 채운다.

2018년 필자는 수도권 외곽지 66.12m²(약 20평)대 아파트를 9년 정도 보증금 1,000만 원 월세 70만 원 내외로 월 임대를 하고 있었다. 대출은 7,000만 원 조금 넘게 일으켰다. 안심대출도 중간에 추가해서 낸 터라 대출을 계속 유지하고 싶었다. 하지만 마침 세입자가 이사를 결정했고 필자는 올 수리 후 매도 혹은 전세로 방향 선회했다. 일단 일부 지역 역전세로 인해 소진된 현금 보유Stock를 늘려 놓는 쪽으로 가닥을 잡았기 때문이다.

해당 지역 물량 때문에 전세가는 그닥 만족스럽지 않았지만 대출금보다는 월등히 높았다. 일단 적정한 시세로 전세 계약을 맺었고 입주 시 대출 상환 후 현금 보유Stock를 늘릴 수 있게 되었다. 수도권 외곽지라 서울처럼 입이 벌어질 정도로 매매 가격이 상승한 것은 아니지만 투자금 대부분은 회수한 거나 마찬가지였고 자가발전 중인 아파트였다.

투자를 한다면 이러한 부분에 대한 기준이 있어야 하고 위기 전에 선제적으로 대응해야 한다. 그리고 이런 플랜이 있더라도 역전세 몇 건이 일어난 이후 계약이 만료되지도 않은 주택의 임차인을 대상으로 해서는 안 된다. 이럴 때는 이미 후달리는 마음 때문에 전략적인 사고를 할 수가 없다.

해서 현금 보유고Stock가 필요하고 역전세든 투자든 현금이 소진되었으면 위기 상황이 아니라도 채워놔야 하는 것이다. 은행들의 지급 준비율과 비슷하다고 보면 된다.

2018년 초 필자는 2억 원 내외의 현금을 보유하고 있었기에 눈에 보이는 서울 내 어떤 주택을 한 채라도 더 매수했다면 투자금 몇 배의 시세 상승을 맛봤을 것이다. 하지만 필자는 곧 있을 물량 지역의 역전세를 대비하면서 상황을 지켜봤다. 다행히 2019~2020년은 유동성 확대로 인해 대부분 지역에서 전세 상승 및 시세 상승이 일어났다. 그런데도 필자는 일정 비율 이하로 떨어진 현금 보유고Stock를 채우기 위해 몇몇 아파트의 매도와 알토란 같은 월 임대료를 포기하고 전세 전환 후 여유 자금Redundancy 확보를 결정하고 실행에 옮겼다.

이후 2022년쯤 서울과 수도권 몇 곳에서 주택 역전세가 나왔고 현금 보유가 없었다면 대출이 막힌 상황에서 필자 역시 어려운 시기를 보냈을 것이다. 2023년 역전세가 확정적인 서울 아파트의 대응 역시 여유 자금으로 가능하게 만들어 두었다. 사실 플랜이 없었다면 얼마나 어려운 상황이었을지 생각만 해도 아찔하다.

필자는 지극히 주관적인 관점에서 시세 상승기, 시세 하락기, 버블기, 버블 붕괴기에 따라 정도Depth의 차이가 있을지라도 지속적으로 위험에 노출되는 시간(현금 보유가 낮은 시점)을 줄여왔다. 그리고 발생하면 괴멸 수준에까지 이를 수 있는 블랙스완을 대비하고 이후 기회를 잡아채기 위해 계속 노력할 것이다.

장기 투자를 해보면
경제적 통찰이 생긴다

부동산 장기 보유 시 생기는 일

부동산 투자에 있어 필자의 기본 원칙은 매입 후 보유다. 이를 위해서는 시간이 흐른 후에도 가치가 하락하지 않으면서도 안정적인 현금 흐름을 창출하는 투자처를 발굴하는 것이 핵심이다. 이러한 장기 보유의 이점을 실제 사례를 통해 살펴보겠다.

2015년 수도권 외곽에 마지못해 매입한 66.12m²(약 20평)대 아파트가 있다. 당시 매입가는 부대비용을 포함해 1억 7,000만 원이었고 그 이후로 줄곧 월세 수입을 올리고 있다. 일본인 부부의 사택이나 자영업자의 창고 등 다양한 용도로 활용되었고 보증금 3,000만 원에 월세 70만 원 선에서 꾸준히 유지되어 왔다.

　만 8년 정도 세월이 흐른 2022년 12월까지의 손익 체크를 한번 해보겠다. 알다시피 현금의 미래 가치, 미래 현금의 현재 가치의 계산 공식이 있다. 이 경우는 연금 혹은 적금 총액 1억 4,000만 원(보증금 제외)의 미래 가치를 계산하면 얼마 이렇게 나올 텐데 복잡하니까 아래 심플하고 보수적인 방식으로 접근해보겠다.

　예금금리는 들쭉날쭉 하지만 평균 3% 정도로 간주하겠다. 이 기준으로 1억 4,000만 원은 8년(2015~2022년) 후 1억 7,360만 원이 된다. 그리고 또 하나는 기회 비용이다. 1억 4,000만 원을 여기다 박아두는 게 최선인가에 대한 물음이다. 2015년 당시 서울 중심지 66.12m²(약 20평)대 전세가 2억 5,000만 원쯤이었던 걸로 기억한다. 여러 가지 더 좋은 기회가 있을 수 있었겠지만 잃지 않은 것이 첫 번째 목표인 필자는 한때 1억 원 정도를 푸트 코트 분양에 박아 넣었다가 몇 년 후 원금만 건진 사례도 있었기에 리스키한 더 나은 기회 여부도 배제했었다.

　월 임대료 평균 80만 원은 연 960만 원이고 8년간의 전체 금액은 7,680만 원이다. 여기다 보증금을 더해서 1억 680만 원을 저금했든 뭘 사 먹었든 했다는 것이다. 시간문제일 뿐 몇 년 후 원금을 회수하고도 지속적인 현금 흐름이 확정적인 상태다. 부동산 수수료, 수리비, 공실 기간 등은 감안하더라도 이 또한 시간이 해결해준다.

　해당 아파트는 2021년 최고가 5억 원 실거래를 찍고 현재 다소 하락한 상황이다. 4억 원 내외 시세에 전세는 2억 3,000만 원 내외를 보이고 있다. 물론 월 임대료는 여전히 보증금 3,000만 원에 월세 100만 원이다. 이런 주택들을 매매 차익을 위해 단기적으로 사고팔 이유가 없다.

그리고 전세에 대한 필자의 의견은 명백히 집주인, 특히 다주택자들에게만 엄청난 메리트를 주는 제도라고 생각한다. 전세입자들이 눈치를 채지 않아야 하겠지만 직업적 특성 때문에 지역을 옮겨다니는 일부 계층이 아니라면 전세입자들에게 전세의 메리트는 전혀 없다. 이는 화폐라는 종이돈 특성상 일정 비율로 꾸준히 신규 발행이 되어야 하는데 이는 인플레이션의 원인이 된다. 그 결과 돈값은 계속 떨어지게 되어 있다.

매도할 이유가 없다. 전세를 주거나 대출을 일으키더라도 내가 매수한 금액 이상의 돈을 만들 수도 있다. 비록 매매가는 조정을 받고 있지만 월세는 건실하게 들어오고 있다. 여하튼 1억 7,000만 원의 효용을 연금식으로 충분히 누렸고 유사시에 다시 그만한 돈을 땡길 수도 있다. 대출로도 전세로도 가능하다. 내 돈의 가치는 모두 누렸겠다 나머지는 어찌 되든 상관없다는 생각이다. 지금 그 아파트는 그냥 자가발전하고 있다.

투자에 관심이 있는 사람이라면 당연히 다 알고 있을 듯한 내용들이다. 그렇지만 이걸 인지하고 정교하게 타게팅해 들어가는 것은 분명 다른 문제다.

한편 필자도 한때 다른 지역에서 역전세로 인한 어려움을 겪은 적이 있다. 이는 다주택자에게 있어 가장 위험한 리스크 중 하나다. 이런 경험을 바탕으로 역전세 우려가 적은 적정 가격대의 주택을 선별해 투자하는 것이 바람직하다는 결론에 이르렀다. 그러나 현실적으로 이런 조건을 충족하는 물건을 찾기란 쉽지 않은 것 또한 사실이다.

서울의 예를 들겠다. 3억 원에 매수해서 2010년부터 전세를 거쳐 현재 보증금 4억 원 월세 40만 원에 임대를 주고 있는 물건이 있다. 언제 3억 원의 효용(현재 매매 9억 원/전세 5억 원 정도)을 다 찾아 먹을지는 모르지만 유사시에 전세 및 대출로 회수하기에 부담이 없다. 대출을 풀로 내더라도 시간이 지나면서 추가의 여유가 생긴다. 그런데 현재 다주택자 대출 규제와 초부채원리금상환비율DSR의 개념상 유사시 쓸 수 있는 대출카드 하나가 줄어든 상태이다.

이런 곳을 금리가 높을 때 그리고 부동산 시장은 이제 끝났다고 주변에서 난리칠 때 들어가는 게 제일 좋다. 진입 타이밍 관련해서는 〈4장 금리와 환율이 투자 타이밍을 정한다〉에서 충분히 기술했다. 하지만 중요하니 한번 더 강조한다. 진입 타이밍은 반드시 찾아야 한다. 필자와 유사한 방향성을 가진 사람이라면 이런 식의 투자를 본업과 병행할 만큼 하고 남는 시간들은 소중한 사람들과 행복한 삶을 살아가는 데 쓰는 것이 맞다고 생각한다.

인구 유입이 지속되는 곳을 찾았다고 해도 2021년 내외처럼 금리가 낮은 국면에서 부동산을 매수할 때는 금리가 오르는 국면에서 임대료가 오르지 않으면 부동산 가격이 떨어질 수 있다. 2022년 급격한 금리 인상으로 인해 유동성이 흡수되자 일정 수준 월 임대료도 올랐지만 금리보다 높아야 하는 수익률만큼 부동산 가격이 내려갔다는 점 또한 알 만한 사람은 다 알 것이다.

또한 관련 정책을 꾸준히 체크해야 한다. 주택, 대출, 금리 등등 매일 경제지 한 권 이상은 쓰윽 훑어보며 모니터링해야 한다.

부동산 감가상각에 관해

지금까지 투자금 회수 부분에 대해 주택을 장기 보유할 경우의 시뮬레이션을 설명했다. 다음으로는 실물 부동산에 대한 감가상각은 어떻게 생각해야 하는지에 관해 설명하겠다.

실물의 감가상각을 감안하다 보니 한동안 필자는 5층 저층 아파트, 상가주택(노후화에 따른 리모델링이나 재건축 등을 할 수 있음) 그리고 창고 등 땅을 가진 것들에 집착을 좀 했다. 땅 자체의 소유는 잘 모르기도 하고 너무나 재미가 없어 하지 않았다. 그래서 적당한 부지에 창고를 지어 현금 흐름을 만들기 위해 물색도 했었다. 2020년 내외 쿠팡을 비롯한 온라인 플랫폼의 성장으로 수도권 근처에 있는 창고는 짓기도 전에 임차가 맞춰지기도 했다.

하지만 영원불멸한 건 없다. 내 후대를 생각한다 해도 유한한 것만 있을 뿐 영원은 사람들이 계속 있어야만 가능하다는 결론을 내렸다. 창고 역시 유동성이 걷히자 임차에 문제가 생기기 시작했다.

저층과 고층을 막론하고 아파트는 사람이 살 정도로는 항상 관리가 된다. 지방의 1989년식 모 아파트의 경우 아직도 튼튼하고 한번씩 전체 수도관과 엘리베이터는 꾸준히 교체하면서 사람들이 살고 있다. 요는 '사람들'인 것이다.

인구가 모여 있는 혹은 추가로 유입될 곳은 감가상각이 제로가 되어도 공실이 되는 경우가 없었다. 지금까진 그랬지만 향후 패러다임이 바뀌면 어찌될 지는 지켜봐야 한다. 그래서 서울 수도권 택지지구의 아파트는 하위 계층에서도 올라오려는 성향이 있고 상위 계층에서도 여기서라도 버텨보자며 살아지는 곳이라는 게 필자의 생각이다.

필자와 같은 포지션(극단적 장기보유)의 부동산 투자자는 인구의 변화 그리고 인플레이션에 따른 적절한 월 임대료 상승이 현실적으로 어떻게 작동될 것인지 한번씩 생각은 해봐야 한다. 이와 연결된 것이 이민 통일 정책 그리고 정부 지원 정책(기본 소득, 노령 연금, 월세 지원, 육아 지원 등)이다. 사람들을 모이게 하는 정책이 어떻게 변하는지 뉴스와 기사 등을 통해 지속적으로 모니터링해야 한다.

빅뱅과 같은 화폐와 부동산

필자가 제시한 두 가지 사례에서 혹시 이상한 점이 있음을 느끼지 않았는가? 전세 보증금은 많이 올랐지만 월 임대료는 그대로거나 아주 미미하게 올랐다. 정확한 이유를 필자도 지속해서 찾고 있다. 지금은 그저 물가 상승률 정도만 반영하는 비용 중 하나라고 추측하고 있다.

이전 챕터였던 '부동산 적정 매수가격 판별 방법'에서도 밝혔듯이 필자는 월 임대료가 매트릭스적이지 않은 진짜 부동산 가치라고 생각한다. 금리가 내려가자 현실적인 월 임대료는 그대로 있으면서 주택 가격만 올라갔다. 당연히 금리가 올라갈 때는 주택 가격이 내려가든지 월 임대료가 금리에 맞게 올라주어야 집값이 유지가 된다.

2022년 우리는 영원히 제로금리를 유지할 것만 같았지만 급격한 금리 인상을 목격했다. 늘 외부 충격이 있을 경우에 대한 대비를 해야 하는 이유다. 그리고 필자는 화폐가 농도는 점점 옅어지고 있지만 계속 팽창하는 빅뱅 이론과 비슷하다고 언급했다. 장기간 부동산을 소유할 경우 이를 확실하게 인지하게 된다.

누군가 "만약 10년 전으로 돌아간다면 어떻게 투자할 건가요?" 하고 묻는다면 필자는 어떤 수를 써서든 빠르게 종자돈을 모은 후 최대한 매매/전세 갭을 이용해 '서울 수도권 지역 내 월 임대용 아파트'를 매수할 것이다. 이후 하나씩 월세로 돌리고 10년 후 혹은 그

중간쯤 있을 시세 상승기에 '서울 수도권 지역에 있는 차익형 아파트'에 최대한 투자할 것이다. 그리고 적당한 때에 대출 리스크 헤지를 위해 주택 몇 채를 처분도 할 것이다.

투자 타이밍과 추세는
이렇게 추론하면 된다

글로벌 경제 환경과 투자 타이밍

글로벌 경제 환경에 대한 개념도 조금은 있어야 적절한 투자 타이밍을 잡을 수 있다. 2008년 금융 위기로 인해 부동산 시장 전반이 난리가 났을 때도 필자는 살아남아 지금에 이르렀다. 소형 아파트와 현금 흐름 위주 투자로 시세 상승기(~2007년까지)에 차익 투자를 못한 기회 비용은 날렸지만 금융 위기라는 블랙스완에는 완벽한 대비가되어 있었다. 그리고 그때 주택, 즉 아파트가 필수재(의식주)라는 걸피부로 느끼게 되었다. 사람이 들어가 살 수 있는 그럭저럭 괜찮은곳은 난리가 와도 미약하게 우상향했다.

2021년까지 미국을 대표로 각 정부가 지속적으로 양적 완화라는 이름의 돈 찍어내기를 계속해 왔다. 술에 물을 타듯 돈에 돈을 계속해서 타고 있었던 것이다. 상품의 기준이 되는 돈을 희석했으니 상품, 특히 자산 가격이 상승했다고 사람들을 착각하게 만들었다. 하지만 2022년부터 시작된 금리 인상과 양적 긴축(대차대조표 축소)으로 자산 가격은 새로운 국면을 맞이하나 싶었다.

필자는 부동산의 경우 2008년 시세를 항상 참고했다. 하지만 지금은 이런 초보수적 입장에서 벗어나 물가 상승률을 고려해 2019년 시세를 참고한다. KB그래프에서 그즈음 시세 방어를 한 주택이라면 필수재 성격이 농후하지만 시세 상승기엔 재미가 별로 없다. 이런 곳은 월 임대 현금 흐름으로 접근해야 한다.

이런 경제 세계관을 가지고 2021년 11월쯤 2022년 부동산 시장 예측을 한번 해봤었다. 사고실험을 곁들여 이해가 쉽고 지금보면 예측이라고 하기엔 너무나 상식적으로 자산 시장이 흘러왔음을 투자자라면 알 수 있을 듯하다.

2021년 11월 부동산 소비 심리를 짚어보고 계약갱신청구가 끝난 전세 물량 출회 그리고 종부세 급등 및 금리 인상에 따라 집주인과 세입자들이 어떤 선택을 할지에 대한 논리적인 시나리오다.

당시 부동산 소비 심리는 주택 매매 시장 소비 심리 지수가 129.7로 전월대비 9.6p 하락했지만 상승 국면을 유지하고 있었고, 주택 전세시장 소비 심리 지수는 111.7로 전월대비 7.6p 하락해 보합국면으로 전환된 상태였다.

그리고 당시 시의성 있는 뉴스 기사로는 '3개월 만에 월세 100만 원 오르는 사이 매매·전세는 주춤' '서울 아파트, 7개월 만에⋯ 집 안 팔리는데 어쩌나' '수도권 매물 늘지만⋯ 강남 인기 지역은 매물잠김' 등으로 부동산 전문가들의 시각은 대체로 매수자 우위 시장으로 전환되긴 했지만 집값이 하락으로 전환했다고 단정짓기는 어렵다는 시각이었다.

부동산 가격은 분명히 자산의 덩치만큼 가격 관성이 있는 것이 사실이다. 하지만 심리가 바뀌는 것은 비행기가 서서히 연착륙하는 것과 같지 않다. 어떤 눈치챌 수 없는 시그널이 나타나는 것은 분명하지만 대부분 사람에게 부동산 소비 심리는 어느날 갑자기 180도로 바뀐 상황에 직면하게 되는 것에 더 가깝다는 게 필자의 생각이다.

이런 상황에서 바로 부동산 특유의 유동성화가 더딘 특성이 더더욱 익절이든 손절이든 투자자를 힘들게 해 어느 것 하나 처분하지 못한 채 꾸역꾸역 품고 가게 만든다. 자가 1주택 정도면 어떻게든 하락하는 부동산 가격을 외면하고 일상 생활에 전념하면 되지만 2주택 이상 다주택자들의 경우 어김없이 역전세라는 시련을 맞이할 수밖에 없다. 수중에 있지도 않는 생짜배기 돈을 1억 원, 2억 원씩 만들어서 하락한 전세 보증금을 메꿔 이전 세입자에게 맞춰줘야 한다.

이 상황까지 오면 어느 정도 플랜을 가지고 시뮬레이션을 해놓지 않는 한 멘탈이 박살나고 트라우마까지 생기게 된다. 결론적으로 다시는 부동산 투자는 쳐다보지도 않는 그룹들이 생겨나고 이후 부동산 매수를 적극적으로 해서 부를 늘려가는 그룹들을 비난하는 스탠스로 바뀌게 된다.

필자는 이런 상황에서 아래와 같은 사고실험 등으로 어쩔 수 없는 전세 최고가 하락과 이로 인한 하락 추세를 추론한 바 있다. 2021년 한국 부동산의 전환 시그널에 대한 사고실험을 해보면서 2022년 부동산 전망을 했었는데 지금에 와서 보면 정확도 높은 전망이지 않았나 후견지명 해본다.

2022년을 전망한 2021년 사고실험

부동산 시장에 대한 사고실험은 엄밀한 데이터에 기반하기보다는 논리적 타당성에 근거한 시나리오 플래닝이라 할 수 있다. 다른 시나리오의 가능성을 배제할 순 없으나 논리적 반박이 쉽지 않은 것이 사고실험의 특징이다. 이번 실험은 한국의 주택보급률 100%, 아파트 비중 60%, 계약갱신청구 임대주택 비율 30% 등 현실 데이터를 토대로 가정을 세웠다.

먼저 세입자 10명이 있고 아파트 6채, 아파트 외 빌라 등 주택이 4채 있다고 가정해보겠다. 일단 전세대출금리 인상으로 세입자들의 아파트 외 빌라 등에 대한 선택 숫자가 늘어난다. 아파트 6채 중 절반인 3채가 계약갱신청구로 전세 가격이 낮았던 아파트의 4억 원 갱신이 끝나고, 현재 전세 시세인 8억 원에 전세 물건을 내놨다.

이때 전세 절대 물량이 늘어나지는 않지만 상대적으로 낮은 가격에 빠르게 전세를 맞춰야 하는 전세 물건이 출회된다. 8억 원이 시세지만 7억 원에 내놔도 계약갱신에 걸려 있던 임대인 입장에서 땡큐할 조건임에는 변함이 없는 것이다. 알다시피 전세 물건은 선입선출이 아니고 대부분 가격이 저렴한 물건부터 선택된다.

결론적으로 상대적으로 낮은 가격의 전세가 출현하면서 전세 물량이 늘어난 것 같은 착시가 발생하고 8억 원 시세로 나온 전세 물건은 임대 공백이 길어지며 가격 조정이 일어날 수밖에 없다.

물론 이런 선택의 기저에는 전세대출금리 상승으로 세입자들이 빌라 등으로 선택의 폭을 넓혔고 이는 자연스럽게 아파트 전세 수요의 하방지지를 느슨하게 만들게 된다. 유동성이 풍부할 땐 쳐다보지도 않았던 주택에까지 수요가 늘어나서 서울 수도권 중상위 지역 위주로 갑자기 전세 수요가 사라지는 현상도 볼 수 있다.

시세 대비 다소 낮은 아파트 전세 물량이 출회되고 전세 수요가 빈약해지면서 전세입자 맞추는 기간이 길어지게 되면 현 시세인 8억 원 전세 매물도 낮은 가격을 추종하며 아파트 전세 가격 평균에 수렴하게 된다.

결국 임대차 3법(계약갱신청구권제·전월세상한제·전월세신고제)으로 일부 급등했던 전세가는 하락하고 5% 룰에 묶여 낮았던 전세가는 오르면서 전반적인 전세 가격은 최고가 대비 낮은 수준에서 균형을 이룰 가능성이 크다.

서울의 경우 계약갱신청구권 사용률이 78%에 이르는 만큼 갱신 계약 아파트 대부분이 시장에 재등장하는 2022년 8월 이후 관련 전세가는 상승 추세를 보일 것으로 예상된다. 반면 나머지 22%의 급등 전세가는 낮아질 개연성이 높다.

여기에 종부세 쇼크로 다주택자와 법인들이 2022년 6월 이전 매도하려는 물량을 늘릴 것이고 주택담보대출 규제와 금리 인상으로 인한 수요 위축으로 매도 물량이 특정 시점에 쌓일 가능성이 높다.

현재 일부 다주택자들과 법인들은 종부세 인상 후 납부세액이 상상을 초월했음을 인지한 상황이다. 인간의 특성상 다가오지 않은 사건은 추상적으로 생각해서 대비하지 않은 이가 많았던 것으로 알고 있다. 종부세액을 직접 확인하고 구체화되어 멘탈이 힘들어지게 된 것이다.

2021년 종부세 납부세액을 구체적으로 받아든 순간 분노와 함께 어떻게 해야 할지를 밤잠도 설치면서 자동적으로 세금 경감 방법을 생각하지 않을 수 없었을 것이다. 결과적으로 많은 다주택자와 법인이 2022년 6월 1일, 즉 보유세(재산세, 종부세) 기준일이 되기 전에 주택 몇 채를 매도해야겠다는 생각에 닿을 것이다.

여기서 취약점이 극대화되는 경우는 임대차 3법에 따라 전세 가격 급등 후 갭 투자를 무리하게 한 경우 대출금리 인상으로 빠르게 전세입자가 교체되고 다소 낮게 전세 가격이 맞춰지게 되며(역전세) 매도가 원활하지 않을 때 문제가 생기게 되는 것이다.

필자는 그간 서민들의 자산 증식 수단으로 부동산의 역할을 강조해 왔다. 주거 필수재로서의 특성과 전세 제도라는 무이자 레버리지 덕분에 평범한 월급쟁이도 어느 정도 자산 불평등 해소에 동참할 수 있다는 관점이었다. 전세가 고공 행진 속에서 매매-전세 갭이 줄어드는 시점을 활용해 현금을 부동산으로 전환하는 것만으로도 패닉에서 한 발 비켜설 수 있다는 지적이었다.

그러나 2021년 하반기를 기점으로 아파트 갭 투자에 대해선 정반대 입장을 취하고 있다. 2주택 이상 보유자라면 세금에 대한 면밀한 분석과 신속한 매각 검토가 불가피해졌다. 1주택자에겐 상반기까지의 갈아타기가 나쁘지 않은 선택이 될 수 있다. 무주택자에겐 냉혹한 현실이지만 종잣돈 마련에 전력하면서 새로운 기회를 엿보는 지혜가 필요하다.

2022년 입주 물량이 여전히 적다는 점은 수급에 긍정적이지만 상반기 다주택자·법인 매물 쏟아짐, 하반기 갱신계약 만기 전세의 본격 출회, 한·미 기준금리 인상 등은 부동산 심리를 위축시키는 요인이 될 전망이다. 2023~2024년 서울 주요 지역 대단지 입주 물량도 부담으로 작용한다. 당시의 침체된 시장 분위기와 맞물려 가격 상승을 견인하기는 어려워 보인다.

이상이 당시 전망이었다. 현 시점에서 보면 긍정적인 요인들은 예상보다 작게, 부정적인 요인들은 예상보다 크게 부각되어 있다. 정부 역시 부동산 소비 심리의 급격한 하락을 주시하며 규제를 하나씩 완화하고 있다. 어느 순간 다시 매수 타이밍이 올 것은 틀림없다.

다주택자 입장에서는 아직 규제가 더 완화되어야 매수에 긍정적일 것이다. 다만 임대주택 종부세 합산배제는 메리트가 있다. 하지만 부동산 소비 심리가 다시 상승할 때 주택을 묶는 효과(주택 공급량 감소 효과)를 보여 상승에 기름을 붓는 역할을 할 것이다.

이런 디테일한 사고실험을 공유하는 이유는 경제 환경, 규제 여부, 재무 상황, 주택 유무, 가족 구성원 등에 따라 구성될 시나리오 중 어떤 것을 선택할 지는 개인마다 달라야 함을 알려주기 위해서다. 지극히 주관적인 필자의 몇 가지 사례지만 내적으로 어떤 고민 끝에 결정을 내렸는지에 대한 과정을 전달하고 싶었다.

6장

삶에
투자를 녹이자

TIMING

내가 원하는 삶이
투자 방향성이다

영화 「아가씨」에는 주인공 '백작' 역을 맡은 배우 하정우가 대부분 남자가 생각하는 부의 구체성에 관해 적나라하게 이야기하는 장면이 있다. "자신이 소중히 생각하는 사람(보통 애인)과 식사할 때, 쇼핑할 때 비용에 구애됨이 없이 구매할 수 있는 여력이 있음을 본인이 즐기고, 상대가 그런 상황을 잘 인지할 수 있을 때"라는 대사가 그것이다.

필자는 지인 몇 명과 늘 투자 관련 이야기를 나눈다. 정기적으로 저녁 식사를 같이하면서 제법 디테일한 이야기를 하기도 한다. 그런데도 각자가 진정으로 도달하고자 하는 구체적인 투자 목표는 한참이 지난 다음에야 알게 되었다. 지인 중 하나는 그동안 필자의 부동산 투자 포트폴리오를 참고하여 서울 내 원룸 건물 하나를 사서 운영했는데 한참 후에야 자신은 뽀대나는 곳에 투자성 있는 물건을 구매하길 원했음을 은밀히 고백하기도 했다.

이건 옳다 그르다의 문제가 아니다. 본인이 힘들어도 그것이 진정한 행복감을 준다면 목표를 그에 맞추고 다른 부분을 조정하면 되는 일이다. 다만 그 구체적인 종착역을 확인해둘 필요는 분명히 있다. 이런 부분에 대한 지향점(한계)이 명확치 않으면 인생 내내 뜬구름 같은 목표를 쫓아 끝없이 쳇바퀴만 돌리다 삶이 끝나게 될 가능성이 높기 때문이다.

이런 점 때문에 후대에 대한 계획이 필요하고 이에 맞는 교육도 필요하다는 게 필자의 생각이다. 지금은 획을 긋는 성취가 보통 20~30대에 일어날 확률이 더욱더 높아지고 있다. 따라서 실패를 커버해줄 수 있는 현금 흐름이 있는 자산(인프라 파이프라인)을 만들어 후손들은 현금 흐름만 취하게 하고 인프라는 계속 대물림될 수 있는 맞춤 교육이 필요하다고 생각한다.

미국 드라마 「하우스 오브 카드」의 주인공 케빈 스페이시는 시청자에게 다음과 같은 충고를 한다. 아주 유능한 보좌관 중 하나가 돈을 위해 로비스트가 되는 걸 보고 권력을 잡으면 뭐든 할 수 있는데 어리석게 절름발이인 부를 택했다고 슬쩍 디스하는 장면이다. 한계가 없는 욕구의 충족을 위해선 정치를 하는 게 맞다. 그리고 경제는 이미 정치경제라는 카테고리로 묶어야 할 만큼 정치의 구체물인 정책에 심각하게 연동되어 있다.

정치의 구체물인 정책은 항상 살피되 본인이 생각한 대로 되지 않는다고 의기소침하거나 외면해서는 안 된다. 정책을 살피고 자신에게 유리한 부분을 파고들어야 한다. 그리고 정책은 오늘의 자신에겐 불리하게 작용하더라도 내일의 자신에겐 유리하게 작용할 수 있는 새옹지마 성격이 짙다. 특히 그 시점의 정책, 특히 세금과 대출 규제에 영향을 많이 받는다.

가령 2006년쯤에는 66.12m²(약 20평)대의 주택을 여러 채 사면 바보 소리를 들었다. 똑똑한 한 채 그것도 평수가 큰 주택을 매수해야 한다고 사방에서 떠들어 댔기 때문이다. 반면 2013~2016년에는 다시 소형 주택 여러 채를 구매해 투자해야 한다고 했다. 2022년 상반기에는 또 다시 똑똑한 한 채로 회귀했다가 금리가 급격히 인상되고 다주택 중과가 다소 완화되자 지금은 현금 흐름이 있는 소형 주택 여러 채를 소유하는 게 좋다는 의견이 다시 힘을 얻고 있다.

이렇듯 그때는 맞지만 지금은 다를 수 있고 지금은 맞더라도 시간이 지나면 달라질 수 있는 게 바로 투자다. 투자는 이런 경제 환경에 맞추며 삶의 목표에 다다르는 과정이다.

초반에 언급했던 필자의 지인에게는 본인의 목표와 살아온 맥락에 맞춰 2017년쯤 원룸 건물을 처분하고 필자가 추천하는 매물을 구매한 후 투자에 더는 신경 끄고 회사 생활에 충실하라고 조언했었다. 상대적인 차이일 수도 있으나 그는 동창회에서 자랑성 멘트를

칠 수 있을 정도의 투자처를 원했기에 그런 부분을 간과할 수 없다면 여기가 딱이라는 매물을 구입할 것을 조언했다.

필자는 필자가 가진 자원과 처한 상황에 맞게 최대한 리스크를 줄이면서 효율적인 투자를 진행했다. 그 당시 지인들에게 이야기해도 무시당할 만한 곳(주로 수도권)들에 정성을 들여 본인이 직접 거주할 집이라 생각하며 구매했고 그 중 한곳엔 2016년까지 직접 거주를 했었다.

결과론적이긴 하지만 필자가 처음부터 가진 능력 100%의 집이나 자동차 등의 소비를 했었다면 현재 적당한 선에서의 사치를 부리고 현금 흐름이 있는 인프라에 투자하는 행위가 가능했을까 싶다.

물론 이는 단순하게 젊을 때 절약하며 살아야 한다는 이야기가 아니다. 각자의 물질적 종착역을 정하고, 삶을 조율하면 되는것이다. 다만 자신이 결정한 삶의 방식에 대한 책임은 온전히 자신이 져야 함을 명심하길 바란다.

투자를 할 것인가
투기를 할 것인가

본인이 지금 하는 투자 행위가 현금 흐름을 동반한 장기 보유라면 투자고, 시세 차익형 매매는 투기라고 간주하면 대략 맞다. 필자는 거기다 덧붙여 자본 차익 목적의 부동산 투자였더라도 소중한 다른 무엇 때문에 차익을 희생할 수도 있어야 진정한 투자라고 생각한다.

필자가 '투자'라고 판단한 사례

필자가 매수한 첫 번째 부동산은 현재 필자의 부모님이 살고 계시는 지방 광역시 내 99.17m²(약 30평)대 아파트다. 2004년 광역시 외곽지역에 있는 2동짜리 별볼일 없는 물건을 사기 위해 당시 필자는 엄청 무거운 IBM노트북까지 직접 들고 다니며 예산이 허용하는 물건들을 분석하고 또 분석했다. 경매 역시 시도했었지만 세 차례 정도 물만 먹었다.

물건들의 투자성을 분석했느냐 묻는다면 필자의 대답은 "아니요"다. 당시 부모님께서 이런 곳에서 살고 싶다고 말씀하신 부분들(도보로 나지막한 산에 쉽게 접근할 수 있을 것, 주변이 평지일 것, 엘레베이터가 있을 것, 10층 내외일 것 등)만 고려했다. 이러한 조건들을 갖추고 예산이 허용하는(절대가격으로 가장 저렴하게 살 수 있는) 물건들은 흔히 이야기하는 구매 후 가격 상승 여력이 있는 물건은 아니다.

그저 소중한 사람이 원하는 곳을 최대한 문제없이 빠르게 입주할 수 있도록 하는 데만 초점을 두었다. 이런 삶의 질과 관련된 물건에서는 투자 요인을 들먹이며 좌고우면으로 시간을 보내는 것이 더욱 손해일 경우가 많았다.

필자의 첫 번째 매수 물건은 이후 투자한 어떤 물건보다 역대급 수익률을 보이고 있다. 지방 상승기 때는 매수 가격의 세 배 이상 가격 상승이 있었고, 현재는 두 배 넘게 상승한 가격대를 유지하고 있다.

여러 요인이 있지만 기본적으로 절대가격이 낮고 긴 시간의 세례를 받아 인플레이션이 작용한 결과다. 그리고 주변 나지막한 산으로 가는 길에 왕복 6차선 도로가 가로질러 나버렸다. 교통은 좋아졌다만 아파트 바로 옆에 있는 대로는 부모님 삶의 맥락상 긍정적인 요건은 아니다.

타이밍 매수 매도를 위해서는 벌써 처분하고 수익 실현을 했어야 했고 충분히 그럴 타이밍을 캐치도 했었지만 현재 부모님께서 거주하시는 곳이니 상승 하락이 아무 의미가 없다. 아이러니하게 교통호재로 인해 가격 상승이 있었지만 되려 그 요인 때문에 부모님의 거주지를 옮기는 문제를 논의하기도 했다.

투자를 한다는 의미

필자의 사례를 이토록 구체적으로 들면서까지 이 책을 통해 말하고 싶은 점은 투자 진행 중 어느 시기쯤에는 우리 인생 전반을 두고 소중한 것들을 정립하는 시간이 필요하지 않나 하는 것이다. 그리고 이를 부동산 투자 시 각 개인의 주요 요인으로 포함해야 한다는 게 필자의 생각이다. 이렇게 정립된 개인의 투자를 투기로 봐서는 안 된다.

투자는 수단이 되어야지 투자 자체가 목적이자 목표가 되어서는 안 된다는 생각을 누구나 하지만 투자 행위에 빠져 있는 상황에서는 어느 날 문득 투자를 위한 투자를 하는 자신을 보게 된다.

소중한 사람 모두가 진정으로 원하는 것이 투자의 주요한 요인에 포함되어 있다면 수익성이 낮더라도 매수할 수 있어야 하고, 투자에 반하는 고비용 주택에 살 수도 있어야 한다. 이런 행복에 대한 근원적인 부분 그리고 개인별 삶의 맥락상 필요 때문에 전문가들이 권하는 일방적인 곳이 아니라 내 자신의 기준을 바탕으로 투자를 해야 후회가 적다.

필자는 기본적으로 '매수 후 홀딩 스탠스'다. 필자는 현금 흐름이 있는 인프라에 투자하고 유동성이 필요할 경우 매도 대신 전세로 전환해 투자금을 회수하고 있다. 대략 1년에 한 채 꼴로 주택을 매수하고 진짜 내가 거주한다는 마인드로 임장 여행을 가고 꼼꼼하게 집을 본다. 1년에 10회도 채 안 되는 임장 여행과 부동산 방문 등을 통해 삶 속에 투자가 자연스럽게 녹아들기를 바라는 아마추어 투자자일 뿐이다.

물론 이런 투자 스타일이 필자의 성향에 맞기에 계속 할 수 있는 것이다. 집을 매수할 때는 정성을 들이고, 정성을 들이는 과정에서의 행복감을 느낄 정도로 이제는 심적으로도 여유롭다.

2004년 이후 지금까지 경제신문 읽기, 부동산 관련 책 읽기, 부동산카페 글 읽기를 하루 루틴으로 하고 짬짬이 임장 여행을 한 결과다. 로버트 기요사키의 부자 아빠 시리즈나 나심 니콜라스 탈레브의 인세르토Incerto 시리즈 전권을 바이블처럼 그때그때 내키는 대로 한 챕터씩 읽기도 한다.

지금은 필자에게 맞는 투자 방식을 경험치를 통해 내재화한 상태다. 이런 부분들이 회사 일에도 긍정적 영향을 미쳤고 결과적으로 회사도 즐겁게 다니고 있다.

그동안 투자 초기에 재건축 대상 아파트와 2019년쯤 서울 수도권 아파트를 각각 한 번씩 매도했었고 여기서 나온 차익 전액을 수도권 아파트 세 채의 월 임대(현금 흐름 중심)로 돌려 현금 보유금을 대폭 늘렸다.

그때도 역시 임장 여행을 하면서 필자가 직접 거주해도 문제 없을 곳으로 매수했었다. 물론 그 당시 가장 중요한 투자 요인은 수익률, 그것도 월 수익률이었다. 이후 그 중 한 곳에서 직접 2016년까지 즐겁게 거주했었다.

아무리 좋은 입지의 부동산이더라도 일정 숫자 이상의 사람이 투자로 들어가면 끝이 좋을 수가 없다. 초반부에 나온 투기의 정의에 추가로 투기란 자신의 분석에서 비롯되지 않은 뇌동매매의 대부분이라는 말도 하고 싶다.

투자란 리스크에 대한 귀책이 온전히 투자자의 몫이기에 외로운 행위다. 그러니 각자 자기만의 방식이 분명히 있어야 한다. 그리고 침체기에 버틸 수 있도록 리스크 관리를 하며 지치지 않아야 한다.

부동산 투자는 아무리 경험치를 쌓고 날카로운 분석으로 매수한다 해도 언제 블랙스완급 위기가 닥칠지 알 수 없고 '우리는 우리가 모르는 것을 모른다'라는 명제가 적용되는 분야이자 외환, 금리, 경기, 유동성 등 모든 것이 연관되어 있어 전화위복이 판을 치는 분야이기도 하다.

명확한 목적에 의해 매수했던 물건이 지금 당장은 뒤처지는 것 같아도 나중에 효자 노릇을 하기도 한다. 너무 일희일비하지 말고 매수 후에는 리스크 관리를 보수적으로 하고 가능한 장기로 보유하면서 사랑하는 사람들과 행복한 시간을 보낼 수 있는 행위에 시간을 쏟으면 어떨까 한다.

불확실성이 주는
즐거움을 누리자

불확실성은 투자를 하는 사람이라면 누구나 피하고 싶은 상황이다. 하지만 인생의 모든 일과 투자에서 확실성만을 추구한다면 삶은 피폐해질 수밖에 없다. 이를 인간 본성에 빗대어 풀어낸 나심 니콜라스 탈레브의 저서『스킨 인 더 게임』의 내용에 필자의 의견을 더해 공유해보겠다.

적절한 불확실성에 노출되면 생기는 일

예를 들어 지하철로 출퇴근할 때 출발 시각을 모르는 사람이 자유로운 이유는 지하철 배차 간격이 짧기 때문이 아니라 출발 시각을 모르기 때문이고 이는 불확실성이 사람들에게 주는 즐거움이다. 불확실성을 조금만 더하면 퇴근 시간의 지옥철이 주는 압박을 잊어버리고 편안한 마음으로 지인들과 저녁 식사를 즐길 수도 있다. 이는 효율의 극대화가 아니라 충족을 추구한다는 것이다.

최적화를 추구하면서 자신을 압박하는 사람들은 즐기는 동안에도 어느 정도 고통을 받을 수밖에 없다. 행복하게 사는 사람은 충족을 추구하는 경향이 있다. 충족파들은 인생에서 원하는 바를 미리 정해놓고 충족을 얻는 순간 멈출 줄도 안다. 목표를 달성해도 욕망을 계속 키워나가지 않고 생활 수준이 향상되더라도 이에 맞춰 소비 수준 또한 끊임없이 높이려고 하지 않는 특징이 있다.

반면, 어떻게든 수익의 극대화를 추구하는 사람은 세율을 몇 % 만 낮출 수 있다면 언제라도 이삿짐을 꾸린다. 이런 성향의 사람들은 부자가 되고 나서 상품과 서비스에 대해 까다로워지는 경향이 있다. 커피가 식었다고 불평하고 미쉐린의 최고 등급 레스토랑에서도 요리가 형편없다고 투덜거리며 테이블이 창가에서 너무 멀다고 불만을 토로한다. 늘 불만족한 상황이고 순간의 행복감을 즐기는 게 어렵다.

불확실성과 투자 생활

필자는 2022년 회사에 휴직을 잠시 신청했었다. 많은 점이 마음에 걸렸지만 이제는 생각한 대로 삶을 살아보려는 마음이 강해져 내린 결단이었다. 휴직 후 필자의 삶은 어땠을까? 회사에 가지 않으니 마냥 좋았으리라고 많은 사람이 추측했지만 회사에 나가지 않을 뿐 사람이 액티비티(일, 네트워킹 등)를 하지 않으면 그 존재감이 희박해짐을 절감하게 되었다.

솔직히 퇴직 후 아무 준비 없는 상태에서 이런 감정을 느꼈더라면 삶이 정말 불행해졌으리라 생각한다. 휴직은 한시적인 시간을 가지고 그동안 하고 싶었던 것들을 해나가기만 하면 되니 정말 다행이라고도 느꼈다.

사실 필자는 크게 사치를 하지 않는다면 돈을 위해 일을 하지 않아도 될 정도의 현금 흐름 인프라는 만들어 둔 상황이다. 그런데도 일 없이 지인을 만나 술을 마시거나 커뮤니티를 돌며 이런 저런 쓸데없는 이야기를 하는 것에 아무런 즐거움도 느끼지 못했다.

그래서 휴직 초반 극심한 매너리즘을 딛고 생활 루틴을 만들기 시작했다. 글을 제대로 잘쓰고 싶다는 생각이 들었고 첫 도서 출간이후 글쓰기에 체력이 뒷받침되지 않으면 디테일한 내용을 소홀히 하기 쉬움을 느꼈기에 운동을 꾸준히 하기 시작했다. 그리고 늘 생각만 하고 있었던 해외 투자를 위한 첫걸음을 내디뎠다. 베트남을 첫 해외 체류지로 정하고 한 달 정도 부동산 투어 겸 여행도 다녀왔다.

이런 생활 루틴 형성과 색다른 경험을 하지 않고 무방비로 시간을 보냈다면 필자만의 정체성은 흐지부지 없어졌을 것이다. 돈의 유무에 상관없이 좋아하는 일이나 취미 활동 등 삶의 순간마다 즐거움을 주는 행위들은 죽을 때까지 지속해야 함을 깨닫게 되었다.

게다가 어느 정도 불확실성에 노출되지 않으면 성향에 맞는 투자 수단을 찾기가 쉽지 않다. 보통 본인이 하고 있던 투자 영역 외 다른 시도를 아예 하지 않거나 부정적인 점만 부각해 회피하려는 경향을 보이기 때문이다. 다소 위험을 감수하고서라도(주로 시간과 수고스러움이 들어감) 해보지 않았던 영역의 투자를 해볼 필요가 있다.

필자는 나심 니콜라스 탈레브가 말했듯 인간은 정확한 일정에 적합한 존재가 아니라고 생각한다. MBTI로 보면 ○○○P가 자연스럽다는 것이다. 소방대원은 화재가 언제 발생할지 모르므로 일이 없는 동안에는 이런저런 생각에 잠기기도 할 것이다. 하지만 사건이 터지면 그 누구보다 뛰어난 집중력으로 현장을 수습한다. 필자 역시 한동안 휴직을 하고 글을 쓰면서 계획된 일정을 소화하는 짓 따위는 절대로 하지 않았다.

지인들과 오랜 기간 정기적으로 만나 이야기를 해보면 각자 성향이 다르다는 것을 시간이 흐를수록 느끼게 된다. 이는 사람마다 살아온 삶의 궤적이 다른 만큼 당연한 결과다. 이런 다양한 삶에 필자가 했던 투자 방식을 그대로 이식하는 것이 가능할까? 설사 가능하다 하더라도 필자가 생각한 조그마한 성공이 어떤 사람에겐 실망으로 또 다른 사람에겐 따분함으로 다가올 수 있다.

문제가 발생했을 때 선험자로서 자문을 해줄 순 있지만 투자 방식을 그대로 알려준다 해도 상대방이 수용하기는 대단히 어렵다. 따라서 투자를 하고자 하는 사람들은 필히 한정된 기간에 스스로를 불확실성에 노출해 자기가 진정 어떤 사람인지에 대한 자각이 먼저 필요하다.

잘게 자른 행동 중심 목표를 세우고 이를 달성하는 과정과 달성 순간 곳곳에서 분비되는 도파민은 작은 성취감을 끊임없이 선사한다. 새로운 계획과 이를 성취하는 순간과 과정에서 나오는 도파민은 삶을 젊게 사는데도 일조할 것이다. 이 책과 함께 생각하기보다 실행을 앞세우는 시간을 보내길 감히 바라본다.

취미 같은 투자는
모든 일에 긍정적인 영향을 준다

필자에게 투자란?

부동산 투자를 여러 해 동안 하다 보니 투자의 맥락 혹은 방향성이
자연스럽게 생겨났다. 처음 투자 목적은 필자의 인생에서 더 가치
있는 일을 하기 위한 사다리 역할이 전부였다. 하루 빨리 좋은 현금
흐름을 만들어 월급쟁이 생활도 청산하고 경제적 자유를 이루어 보
리라는 생각이 강했기에 목표 중심으로 가성비를 항상 고려해서 움
직였다. 얼마나 신산(바둑 용어-디테일한 바둑집 계산)이 요구되는 삶이
었는지 가늠이 되지 않을 정도였다.

그런데 어느 순간, 삶에 필요 조건인 현금 흐름을 위한 안정적인

인프라(주로 월 임대용 부동산)가 어느 정도 수준에 올라왔다. 이를 토대로 나에게 소중하고 귀한 사람들과 더 많은 시간을 보내고 여행하고 경험을 쌓는 데 초점을 두는 삶으로 방향을 바꾸었다.

이후 좀 더 현재에 충실하며 필자가 가진 것들을 다시 재평가하고 즐기는 방향으로 나아갔고 부동산 투자 역시 평생에 걸쳐 무리하지 않고 잘 가꾼 후 법인으로 만들어 운영해야겠다는 생각에 이르렀다. 투자가 목적지에 도달하기 위한 도구만이 아닌 인생 전반을 통해 취미처럼 생활에 녹아 삶의 한 부분이 된 것이다.

앞에서도 언급했지만 어느 레벨 이상의 자산 규모가 되면 한두 곳의 역전세나 금리 인상 등에는 심적 동요가 거의 없다. 그냥 그렇게 되었으니 다음에는 이렇게 해야지 정도의 착안만 떠오르고 메모할뿐 그냥 준비된 현금으로 대응하면 문제없게 만들어져 있다.

자산 가격 상승기에도 이러한 마인드는 마찬가지로 별 감흥이 없다. 미실현 이익이며 한계효용 체감이고 이익을 실현하더라도 어차피 또다른 자산에 재투자되어야 할 돈이라고 생각할 뿐이다.

이런 상황을 필자는 인공위성에 비유한다. 대기권을 벗어날 때까지는 무진장한 에너지 소비가 요구되지만 대기권 밖 공기의 저항이 없어지는 지점에서부터는 별다른 추진 없이도 궤도를 하염없이 운항할 수 있다.

투자도 비슷한 지점이 분명히 인지되는 때가 있다. 하지만 살아생전 이런 지점에 다다르기 위해서는 성취할 부, 즉 경제적 자유의 기준이 개인마다 달라야 한다. '적어도 강남에는 입성해야 남들 보기 그럴듯하지 않겠어?'에서부터 시작되는, 행복감 및 과정에서의 즐거움을 배제한 과욕에 의한 투자는 끝없이 대기권에서 사투하게만 만들 뿐이다.

물론 정말 부동산 등 투자 자체를 즐기면서 본인만의 정체성을 찾는 사람도 있겠지만 대부분 사람이 허상일 수도 있는 경제적 자유를 찾아 투자에 매진하고 있다. 그중 몇몇 사람은 대단한 현금 파이프라인을 구축할 수도 있겠지만 결국 투자 인프라 자체에 묶일 수밖에 없다. 경제적 자유를 통해 원하는 일만 하는 삶을 살고 싶었지만 결국엔 경제적 자유를 주는 인프라에 종속되는 것이다.

약간 비약도 하고 투자에서 오는 행복감도 배제하기는 했지만 이런 부분에 명확한 인식 및 방향성이 있어야 투자를 통해 궁극적으로 닿아야 할 경제적인 풍요로움을 맛볼 수 있다. 그리고 더 중요한 삶의 컨텐츠를 누구와 어떻게 채워갈지를 고민하고 행동하는데 더 많은 시간을 보내야 한다. 이런 마인드로 투자 방향성이 정립된 이후 일관되게 투자를 진행한다면 시간이 문제일 뿐 각자가 원하는 목표에 도달할 수 있음은 분명하다.

방향성을 설정하는 부분과 각각의 투자건에 관해 소중한 사람들과 함께 이야기하고 의견을 교환하는 그 자체가 즐거움이 되고 자연스러운 경제 투자 교육이 됨을 이제서야 필자도 알게 되었다.

다양한 부동산으로 확대

필자는 수도권 택지지구의 상가주택지 분양에는 아파트만을 대상으로 투자하는 사람이라도 무조건 참여하는 편이 좋다고 생각한다. LH 사이트에서 인터넷으로 참여 가능한데 보통 증거금 500만 원으로 1군데 택지 기준 1인 1신청이다. 탈락하면 1주일 후 계좌로 돌려준다.

수도권 내에서 잘 정리된 70~80평대에 8억 원 내외의 대지는 운이 좋아 당첨은 되었어도 중도금이 없다며 겁낼 필요가 없다. 대출이 되고 택지지구가 모습이 갖추어질 때면 무조건 분양가+대출이자 이상은 벌 수 있으니 로또보다 이걸 하길 추천한다.

지하철이 들어올 자리나 대로변 등 상가 공실이 전무한 곳은 선수들(건축업자, 부동산)이 집단으로 들어간다. 필자는 이런 곳은 아예 패쓰하고 필자가 보기에 괜찮은 곳에 청약을 한다. 보통 근린공원 옆, 도서관 옆, 하천 등이 있으면 고수부지 옆, 주차가 원활한 곳 등 주로 모퉁이 물건에 집중한다. 특히 고수부지 근처의 경사가 있는 땅은 지하 1층이 1층이 되어 다른 땅보다 훨씬 찾아먹는 수익이 많다.

그리고 가장 큰 장점은 해당 지역을 잘 알게 된다는 것이다. LH에서 제공하는 지도를 컬러프린트로 뽑아 파트너와 계속 토론 아닌 토론을 한다. 어디에 어떤 장사를 하면 되겠다는 이야기까지 할 때도 있다. 이러한 대화를 하고 나면 근처 아파트의 입지가 자동으로 그려진다. 교통 및 학교 등을 고려해서 상가주택 용지를 찍어야 하기 때문에 몇 차례의 시뮬레이션을 하고 각자 생각을 이야기하다 보면 자연스레 공부가 된다.

택지지구 외 수도권 내에 새로운 도로가 나거나 날 곳들은 주로 창고용지를 부동산 중개소에 가서 물어본다. 해당 지역은 농지가 대부분일 공산이 크고 향후 택지지구가 될 지는 알 수 없는 노릇이지만 적당한 땅을 가지면서 은행 이자만 커버해주는 현금 흐름이 있는 물건이 있으면 장기로 묻어두기에 나쁘지 않으리라는 생각에 몇 군데를 봤었다.

이런 곳들은 수도권이긴 하지만 주변 자연경관이 좋았고 근처 맛집이나 마트를 찾아서 맛나는 것도 먹고 경치도 보면서 투어를 한다. 그리고 운이 좋으면 몇 개가 걸릴 수도 있다. 2009년도 쯤인가 서울에서 광역버스를 타고 당시 한참 공사판이던 광교 주변의 경기대학교와 경희대학교 국제캠퍼스를 한번 갔었다. 주변에서 괜찮은 물건들을 만났고 현재까지 나쁘지 않은 결과를 내고 있다.

과정을 즐기는 투자를 했을 때

사실 필자는 2017년 이후로 부동산 매수를 하지 않고 있다. 부동산 규제가 강화되는 상황이었고 부동산 거래 합동 조사를 통해 일벌백

계하려는 움직임도 있는데 굳이 힘든 길을 가고 싶진 않았다. 그리고 무엇보다도 월 임대 수익률이 너무나 형편없이 떨어진 상황이었다. 물론 그동안 제로금리로 수렴한 상태라 부동산 가격이 이에 맞추어 올올라가리라 기대했지만 2023년 들어 기준금리는 3.5%를 찍었고 임대료는 일부만 오르고 매매 가격이 다소 조정되었다.

이후 지금까지 필자는 아파트 몇 채를 월 임대로 돌리거나 일부 주택 매도하는 작업에 치중하고 있다. 덕분에 대출이 막히기 전에 최대한 대출을 활용할 수 있었다. 필자가 가진 투자의 주요 원칙 중 하나가 자본 소득(매매 차익, 전세 보증금 상승분)은 총자산의 30% 현금 보유를 제외하고는 재투자이고 대출은 수익 대출 매핑이다. 월 임대를 위해서만 대출을 일으키고 있다. 이런 원칙이 역전세나 급격한 금리 인상에도 버틸 수 있게 해준다.

2018년부터는 주로 서울 핵심지를 다녀보고 있다. 반포 리딩 아파트 단지를 산책해보기도 하고 근처 스타벅스에서 시간을 보내기도 한다. 개인적으로 압구정-청담-삼성 라인이 제일 좋았다. 서리풀터널이 개통되면 동작과 서초가 어떻게 연결될지 알고 싶어 몇 번 왕복도 했었다. 동서울터미널이 개발되고 현대 글로벌비즈니스센터와 롯데월드타워를 한강 건너에서 조망하면 야경은 어떨까도 생각해봤다. 감일, 거여마천, 위례가 개발이 마무리되는 시점에서 교통이 어디로 직접 연결될 것인지도 상상해보고 학원가의 밀집이 어디서 이루어질 수 있는지도 추측해봤다. 위례성대로가 개발지역과 연결되고 파인타운에서도 연결되는 걸로 알고 있다.

필자는 2017년을 기점으로 수도권 아파트 두 채를 먼저 월 임대로 돌리는 작업을 했었다. 기존 대출이 있던 주택에 추가로 같은 금융사에서 대출을 풀로 냈었고 최우선 변제액인 2,000만 원 정도를 보증금으로 70만 원 내외 월세를 세팅했다. 현재 약간의 부침도 있고 일부 매도 타이밍을 재고 있기도 하지만 보증금 4,000만 원에 월세 100만 원으로 임대되고 있다.

이렇듯 투자가 획일적이지 않아야 하고 투자 단위가 개인 혹은 가족 성향에 맞아야 과정을 즐기면서 길게 투자 행위를 할 수 있다. 한 사람 일방의 의지로 하는 투자는 멀리 갈 수 없다. 그리고 10억 원, 100억 원 등 정해진 수치 목표 달성에 집착하는 투자도 쉬이 지칠 수밖에 없다. 좋은 대출을 평생(보통 30년) 가지고 간다고 생각하고 팽창하는 우주 같은 화폐(인플레이션)를 인정하면서 동시에 리스크를 대비하는 투자를 해야 한다.

과하지 않은 물질적 목표를 정하고 '현금 흐름이 있는 인프라'를 대를 이어 소멸되지 않고 키워나가도록 유도하는 것, 이것이 필자가 생각하는 행복한 시간을 알뜰이 챙기면서 필자의 뜻을 영속시키는 투자 방법이다.

필자는 명품이나 외제차 등 사치재를 사거나 세계 여행 등을 부담 없이 할 수 있을 정도의 경제적 여유를 바라지 않는다. 하지만 건강과 소중한 사람들을 위해 지불해야 하는 것들에 대해선 경제력에 구애됨이 없이 결정할 수 있을 정도의 인프라를 추구하고 있다.

혼자서 다닐 때는 정말 투자에 초점이 맞춰진 강행군 투어를 주로 해도 되지만 가족 단위라면 부동산은 한 곳 정도만 들른 후 어슬 렁거리며 맛있는 거 먹고 즐기는 투어도 좋다. 가족 모두 같은 시간과 경험을 공유하면서 투자 또한 골치 아픈 행위로만 채워지는 것이 아님을 아이들도 자연스럽게 알 수 있게 한다.

이렇게 투자를 취미처럼 평생 지속한다면 역시 속도보다 방향성이 중요할 수밖에 없다. 큰 틀에서의 방향만 설정한 후 그때그때 삶의 우선순위에 따라 세세한 방향을 조절하고 천천히 나아가면 나머지는 시간이 해결해 준다.

초보 투자자를 위한
필자의 마지막 당부

투자를 해야 하는 세상

지금의 세상은 극단의 왕국과 평범의 왕국이 혼재되어 있다. 필자 역시 처음에는 어렴풋하게만 알았었는데 나심 니콜라스 탈레브의 책들을 읽으면서 확실히 개념을 잡게 되었다. 그리고 레버리지를 이용한 부동산 투자는 극단의 왕국 엔트리 레벨의 투자 행위란 것도 깨닫게 되었다.

무작위성과 자가증식성에 무방비로 노출되는 극단의 왕국에서는 승자가 모든 것을 독점한다. 양극화가 첨예한 세상이고 초기에는 평범의 왕국 임금 근로자보다 못한 급여를 받으며 연명해야 할 수도 있는 세계다.

비빌 언덕이 없는 개인이라면 처음부터 극단의 왕국에서 시작하는 것은 추천하지 않는다. 평범의 왕국에서 노동력을 제공하고 페이를 받는 임금 근로자로 두발을 딛고 서서 생활하며 극단의 왕국을 지향하는 것이 안전한다.

미국 역사상 가장 많은 부를 창출했던 부문은 부동산 투자였다. 그 다음으로 가장 많은 부를 창출한 곳은 거의 완전히 시행착오에 크게 의존하는 기술(스타트업)이었다. 현재는 여기에 추가해서 방송, 출판(책, 웹툰 등), 엔터테인먼트 산업, 플랫폼 사업(콘텐츠 기반 테크 산업) 등의 영역에서 부가 창출된다고 봐야 할 것 같다. 어찌 보면 시행착오에 의존하는 기술 분야가 이런 것들을 포괄할 수도 있다.

필자는 이런 개념에 더해 실물 영역과 가상 영역 투자로 옵션을 나눠 투자하는 편이다. 평범의 왕국과 유사한 실물 영역 투자는 월 급여와 부동산이 대상이다. 현재 부동산은 금융과 연결성이 강해져서 다소 가상 영역적 성격을 띠기도 한다. 그리고 극단의 왕국과 유사한 가상 영역 투자는 주식, 콘텐츠 만들기, 메타버스**NFT**(가상화폐) 등이 대상이다. 주식은 실물 영역적 성격을 다소 띠기도 한다. 이런 개념을 인지한 후 투자에서 추천하는 전략이 바로 바벨 전략이다.

바벨 전략(역도 선수의 바벨)

불확실한 상황에 대처하는 거의 모든 해결책이 '바벨 전략'이라는 형태를 띠고 있다. 이 전략의 핵심은 양쪽 끝의 조합을 추구하고 중간을 피하는 데 있다. 두 가지 극단적인 투자 방식이 있으며 이 방식들은 중간이 아닌 양 끝단에 위치한다. 한 영역에서는 매우 안전하게 행동하고 다른 영역에서는 작고 많은 위험을 받아들인다. 이렇게 함으로써 궁극적으로는 위기 상황에서 오히려 더 강해지는 상태(안티프래질)를 달성하고자 한다.

바벨 전략의 장점은 드물게 일어나지만 위험을 측정하기 어려운 사건들에서 효과적이다. 그리고 어떤 상황이 닥치더라도 긍정적인 결과를 가져올 가능성이 높다. 위험한 일을 할 때도 양쪽 끝 성격의 사람들로 팀을 구성하는 것이 좋다. 중간 지점에서 온건한 태도를 취하는 것은 큰 오차를 낳을 수 있어 결과적으로 잘못된 선택이 될 수 있다. 이렇게 바벨 전략은 불확실한 상황에서 더 나은 결과를 얻을 수 있는 방법으로 여겨지고 있다.

투자 리스크와 영향 곡선

필자가 소통을 위해 공유하는 정규 분포 곡선의 양 끝단의 케이스와 영향력이 바벨 전략을 위한 기초라고 볼 수 있다. 앞에서는 가장 최근의 투자 리스크의 발발 가능성과 그 영향에 대한 가우스 정규 분포 곡선을 보여주었다. 여기서는 각 요인에 따라 어떤 긍정적 혹은 부정적 리워드를 기대할 수 있을지 정도를 알 수 있다. 또한 일어날 확률은 낮으나 그 충격은 지대한 어떤 최악의 상황이 발현될 수 있는지 살피고 이를 대비할 방법을 찾을 수도 있다.

왼쪽 방향이 자산 버블로 가는 투자자 입장에서 정(플러스)의 블랙스완을 기대해 볼 수 있는 요인들이다. 다만 버블된 자산은 언젠간 터질 것이다. 이것은 이후 부(마이너스)의 블랙스완으로 변화하게 된다. 각 요인에 대한 바벨 전략이 따로 있어야 한다. 사실 양극단 최악의 상황만 대비한다면 그보다 충격이 덜한 상황은 자동으로 대비된다. 오른쪽 방향이 외환 위기로 가는 투자자 입장에서 부의 블랙스완을 맞을 수 있는 요인들이다. 오른쪽 끝단에 전쟁이 있다.

투자에 있어서는 적당히 공격적이거나 보수적인 것이 아니라 오히려 초보수적이거나 초공격적인 포트폴리오를 갖추는 게 더 낫다. 미국 국채와 같은 안정적인 투자 대상이라고 인정할 만한 곳에 자금의 85~90%를 넣고 나머지 10~15%는 가장 투기적인 곳, 예를 들어 벤처캐피탈이나 스타트업 투자와 같은 분야에 투입하는 것이다.

이런 전략에는 위험 관리가 필요치 않다. 상황에 따라 모두 수익을 얻을 수도 있고 위험은 10~15%의 투자금을 날리는 것일 뿐이다.

부동산 가격 레벨을 알 수 있는 기울어진 욕조 모형

필자는 현금 흐름이 있는 부동산 자산(필자가 필수재라고 명명하는 수도권 택지지구 아파트나 주택 등)을 근간으로 시세 차익형 서울 주택에도 투자를 한 상황이다. 둘 다 사실은 초보수적인 포트폴리오다. 하지만 시세 차익형 갭 투자 물건들의 역전세를 위한 유동성Stock을 일정 부분 확보하고 있고 이를 없는 돈으로 간주하고 있다.

바벨 전략의 핵심은 최대한 안전한 바구니에 넣은 자금에는 부정적 블랙스완의 힘이 미치지 않게 하고 15% 정도의 투기성 투자에서만 손실이 발생할 수 있게 설계하는 것이다. 즉 예측 불가능한 해로운 위험을 최소화하고 그 무작의적인 수익은 취하는 방식이다.

필자는 2008년 금융 위기를 겪으며 안전한 바구니를 확인했고 2014~2015년에는 역전세의 위험을 유동성Stock의 확보를 통해 헤지하며 서울 수도권 아파트를 집중 매수했었다. 이후 기준 금리가 하락하며 필수재 성향의 서울 수도권 중하급지 아파트의 수익률이 5%보다 지속적으로 하락하자 2017년부터 주택매수를 멈추었다.

이후 주로 투자 관련 책과 모임을 통해 실전에서 필자가 했던 투자 행위를 복기해보며 글로 정리하고 있다. 더 이상 투자를 하지 않고 멈추고 있는 시간이 필자에게는 현재 자산들을 잘 유지하며 다가올 위기와 새로운 기회를 눈치채고 움직일 여유를 만드는 과정임과 동시에 투자 케이스를 스터디하고 책의 글귀 한마디가 어떤 의미인지를 다시 음미하는 즐거운 여정이다.

부동산 자체가 유동성 위에 떠 있다. 세계적으로 유동성(양적 완화, 금리 인하 등) 확대가 지속되면 유동성 수위로 측정되는 자산 가격은 계속 상승한다. 특히나 수도권 저가 필수재 아파트에까지 유동성이 흘러넘쳐 가격 상승이 진행된다. 반대로 유동성 긴축(대차대조표 축소, 금리 인상 등)이 진행되면 유동성이 흡수되면서 유동성 수위로 측정되는 자산 가격은 계속 하락한다.

2023년 양적 긴축(고금리, 대출 제한)으로 인해 전세 가격이 내려갔고 역전제 리스크가 있었다. 일부 급매물이 쌓이는 모습도 보였지만 2024년 하반기부터는 조금 다른 양상을 보이고 있다. 급매가 거래된 후 출회되는 약간 가격이 오른 물건들도 거래가 되고 반등하는 모양새다. 가격 상승이 추세적이 되는지는 더 두고 봐야 한다. 일단 미국 기준금리 추세와 전세 가격 추세, 급매 매수 수요 등을 확인하고 움직일 필요가 있다.

실패 없는 투자의 기반은 여력

마지막으로 필자가 부동산 투자를 하면서 가장 많이 대비하고 신경을 쓰고 있는 부분인 레버리지(대출)에 대한 관점을 정리하고자 한다.

레버리지 관련해서는 〈3장 대출을 지렛대로 활용하자〉를 통해 대출의 적절성까지 디테일하게 언급했지만, 왜 있을지 없을지도 모를 대출 금리 상승 부분까지 지금 대비를 해야 하는지에 대한 맥락 및 기원이 바로 이런 옵션, 즉 바벨 전략 및 부정적 블랙스완에 대한 대응으로 여력을 만들어 두기 위함이다. 그만큼 투자 세계에서 살아남기 위해 꼭 알아야 할 중요한 요소이니 다시 한번 요약해 정리해보겠다.

일단 적절한 부채에 대한 기준은 개인의 재무 상황과 시점에 따라 각각 다른 게 사실이다. 그리고 양털 깎기에 준하는 경제 위기 상황(외환 위기)을 겪어보지 않았다면 낙관적으로 예상할 확률이 높기 때문에 레버리지를 일으키는 그 자체로 위기에 취약할 확률이 높아진다.

낙관적인 마인드만으로 2021년 부동산 영끌 매수를 했던 그룹들이 급격한 금리 인상을 접한 후 스트레스 상황에 있었던 건 분명한 사실이다. 저금리 수준을 기준으로 일으키는 대출의 취약점이 잘 드러난 사례다.

이런 취약성에 대비하기 위한 옵션으로 한국에서 일어난 가장 최악의 위기를 준거로 삼는 것이 그나마 안전한다. 그 준거가 바로 1997년 외환 위기, 즉 IMF다. 하지만 대부분 월급쟁이가 IMF 외환 위기 때의 대출금리와 부채 상환 압박에 근거하면 대출을 활용할 여지가 없어져 버린다. 그래서 레버리지를 이용하되 개인적인 룰을 만들어 지키자는 것이다.

현금**Stock**을 총 부채의 몇 % 비율로 보유하면서 월 임대 수익이 있는 자산에만 대출을 일으킨다면 그 룰 자체로 건전한 재무 상태를 유지하도록 강제하는 역할을 한다. 현금 흐름 창출용 부동산 매수 관련해서는 〈5장 실전 부동산 투자 해보기〉에서 자세히 기술했다.

이런 룰을 정할 때 또 중요한 것은 한국의 기준금리가 위기시 어디까지 상승할 것인가다. 이 역시도 〈2장 화폐를 이해하자〉에서 한국 경제 최악의 상황인 통일 사례를 들면서 언급했다.

사실 위기는 상상 그 이상이 되어야 위기이겠지만 항상 여력 **Redundancy**를 남겨두기 위해 꾸준히 노력해야 한다. 각자 재정 상황에 따라 엑셀에 금리 인상, 월 상환액, 월 현금 흐름 등을 넣어두고 돌려보면서 어느 정도까지 버텨낼 수 있는지 수시로 파악해야 한다. 이렇게 확보된 현금은 역전세 상황에서도 완충을 해주어 감정적, 금전적 스트레스로부터 투자자를 안티프래질(위기시 더 강해짐)하게 만들어 준다.

정리하면 필자는 한국 경제가 앞으로 디플레이션, 인플레이션, 스태그플레이션, 뉴노멀 등 그 무엇으로 귀착되든 상관없는 옵션을 구축하고 있다. 이는 최소한의 마이너스 옵션(역전세, 대출 이자 상승)을 감당하며 무작위성을 띠는 플러스 옵션(금리 인하에 따른 현금 흐름 상승, 자산 상승)을 비대칭적으로 무한히 취할 수 있는 기반이 될 것이다.

자산 상승의 경우 환차익이 없는 한국 내 실물투자의 경우에는 부동산 특성상 상방이 존재하며 무한한 수익이 날 수는 없다. 그렇기에 부동산 투자를 극단의 왕국의 엔트리 레벨의 투자 행위라고 조언했다.

참인 명제의 대우는 참이다. 따라서 환차익이 있는 국외 실물투자의 경우는 무한한 수익이 날 수 있다는 명제가 도출된다. 어느 순간이 되면 해외(역외 달러 표기 자산) 투자를 고려해야 하는 중요한 이유 중 하나다.

7장

트럼프 시대 속
투자자의 생각법

TIMING

트럼프의 의식 흐름을
이해해야 한다

트럼프 대통령의 정책과 행보를 면밀히 살펴보면, 단순히 '미국 제일주의'만으로는 설명되지 않는 복잡한 전략이 숨어 있다. 트럼프 대통령은 미국의 이익을 극대화하기 위해 전 세계를 상대로 다각도의 협상을 진행하고 있는데, 이 과정에서 그는 자국의 우방국조차 거칠게 몰아붙이는 이른바 '미운 오리 새끼' 전략을 구사하고 있다.

그 대표적인 사례로 캐나다를 들 수 있다. 트럼프 대통령은 수출의 77%를 미국에 의존하고 있는 캐나다에 25%의 관세를 예고했다. 이에 캐나다 총리가 직접 미국을 방문해 관세 완화를 요청했지만, 트럼프 대통령은 오히려 관세를 피하고 싶다면 미국의 51번째 주로 편입할 것을 제안했다. 이는 지극히 극단적인 요구로 보이지만, 사실 중국의 우회 수출 거점인 캐나다를 견제하기 위한 치밀한 포석이라 할 수 있다. 캐나다는 미국의 주요 에너지 공급 국가이기에 트럼프와 맞서는 전략으로 에너지 공급 중단을 고려하고 있다고 밝혔다.

트럼프 대통령은 EU와 베트남 등 다른 국가들에도 관세라는 무기를 들이대며 미국산 석유와 가스의 구매를 늘릴 것을 요구했다. 세계 최대 원유 생산국이자 LNG 수출국인 미국의 입김이 작용한 것이다. 이들 국가는 이미 관세 리스크를 피하기 위해 연료 구매 확대를 미국과 논의해 왔다.

트럼프 대통령의 공격적인 통상 정책은 파나마 운하와 그린란드 이슈로도 이어진다. 그는 파나마 운하의 불공정한 요금 체계와 중국의 영향력 확대를 문제 삼아 운하 통제권 반환을 요구했다. 그린란드 매입 의사를 내비치면서는 국가 안보와 자유를 명분으로 내세웠지만, 그 속내에는 북극해 항로 개척이라는 경제적 목적이 자리 잡고 있다.

이처럼 트럼프 대통령이 세계 곳곳에서 군사적 긴장감을 고조시키는 이유는 무엇일까? 그것은 바로 달러 수요를 높이고 미국의 군수 산업을 활성화하기 위한 전략적 행보다. 군사적 긴장감을 높이는 행위를 이어가면 여러 국가들은 이를 대비하는 국방비에 돈을 쓸수밖에 없다. 이때 군사자원 상당 부분이 미국의 수출 주력품이다. 따라서 달러수요가 늘어날 수밖에 없다. 이는 달러가치를 높이고 원유가격은 상대적으로 떨어뜨립니다 아울러 그의 최종 목표는 다름 아닌 중국의 영향력을 약화시키는 데 있다. 중국과 밀접한 경제 관계를 맺고 있는 멕시코, 캐나다, EU, 베트남 등을 상대로 한 트럼프 대통령의 공세는 모두 이를 위한 포석인 셈이다.

그렇다면 트럼프 대통령은 왜 이처럼 거친 협상 전략을 구사하는 걸까? 필자는 트럼프가 이런 도발적인 발언을 쏟아내는 것은 다분히 비즈니스에서 주도권을 잡으려는 사전포석일 것이라고 생각하고 있다. 극단적 요구를 먼저 제시함으로써 상대를 압박하고, 뒤이어 합의 가능한 대안을 내놓아 신속한 타결을 유도하는 것이다. 이는 비즈니스 현장에서 익히 사용되던 그의 전형적인 협상 전술이라 할 수 있다. 실제로 그는 캐나다에 관세 폭탄을 투하하면서 다른 국가들을 제압하는 형국이다.

중국 사기에 한왕 유방이 항우를 꺾고 천하통일을 이룬 뒤 신하들의 공신 순위를 정할 때 쉽게 결정하지 못하고 시간을 끌고 있어 민심이 좋지 않았던 시기가 있었다. 그때 장량이 고민하던 유방에게 충고를 한다. "지금 신하들 중 누구에게 가장 낮은 공신 등급을 주고 싶은가?"

다만 장량은 낮은 등급을 받을 것이라는 사실을 다른 모든 신하들이 알아야 한다는 전제조건을 이야기한다. 여기서 유방은 자신을 괴롭혔던 옹치를 지목한다. 이에 장량은 유방에게 일단 빨리 옹치에게 먼저 공신 등급을 매기고 이를 널리 알리게 한다. 그동안 왜 빨리 공신 발표를 하지 않느냐고 원성이 있었던 신하들은 옹치의 봉후 발표를 듣고 순식간에 안도하며 원성이 잦아들었다.

원성이 잦아든 이유는 간단하다. 한왕이 목을 쳐도 시원치 않을 옹치에게 벼슬을 내렸으니 자신들은 못해도 옹치보단 높은 공신 등급을 받을 것이라고 확신했기 때문이다. 유방은 미운 놈 떡 하나를 먹이면서 많은 사변적인 리스크를 없앤 것이다.

트럼프는 이 유방과는 정반대의 전략으로 사변적인 리스크를 없애고 있다. 미국의 우방 중의 우방인 캐나다에 공격적인 발언을 함으로써 다른 국가들도 긴장하게끔 만든 것이다. 트럼프는 우방국 하나를 위협하는 것으로 많은 사변적인 리스크를 없앤 것이다.

트럼프의
아킬레스건

트럼프 대통령의 아킬레스건으로 볼 수 있는 요인들 중 하나는 그의 최측근이자 미국 정부 효율성 부서의 공동 수장인 일론 머스크 CEO와의 관계다. 머스크 CEO는 연방정부 조직 및 예산 효율화를 통해 재정적자를 줄이는 한편, 불필요한 규제를 혁파하는 데 힘쓰고 있다. 반면 트럼프 대통령은 주로 무역 분쟁 등 대외 현안을 통해 미국의 이익을 관철하는 데 방점을 찍고 있다. 두 사람은 철저한 비즈니스 감각으로 의기투합했지만, 최근 들어 미묘한 간극이 드러나고 있다.

　가장 첨예한 대립점은 트럼프 대통령이 지난 1월 야심 차게 발표한 대규모 AI 인프라 프로젝트 '스타게이트'를 둘러싼 입장 차이다.

트럼프 대통령은 4년에 걸쳐 최대 5,000억 달러(약 718조 원)를 투입해 관련 기업 및 인프라를 대대적으로 확장함으로써 일자리 10만 개 이상을 창출하겠다는 구상을 내놨다. 그런데 정작 프로젝트 주역인 머스크 CEO는 참여 기업들의 자금력에 의문을 제기하며 트럼프 대통령의 장밋빛 전망에 찬물을 끼얹었다. 여기에 머스크 CEO의 영향력을 견제하려는 공화당 내 강경파까지 가세하면서 두 사람 사이에 긴장감이 드리웠다.

'트럼프 vs. 연준'의 신경전도 예의주시해야 할 대목이다. 트럼프 대통령은 당선 전부터 파월 의장을 비롯한 연준 수뇌부에 대한 불신을 노골적으로 드러냈고, 임기 내내 이들의 금리 정책을 강하게 비판했다. 머스크 CEO 역시 지나치게 방만해진 연준 조직에 쓴소리를 아끼지 않았다. 이런 압박에 맞서 연준은 FOMC 정책 결정 과정에서 위원별로 소신 발언 기회를 대폭 늘리는 방식으로 맞불을 놓고 있다. 문제는 2025년 FOMC 투표권자들의 스펙트럼이 극단으로 갈려 정책 합의가 훨씬 어려워질 것으로 전망된다는 점이다. 트럼프 대통령의 거친 정책에 제동을 걸 연준과, 이를 감당하기 어려워하는 트럼프 대통령 사이에 진흙탕 싸움이 불가피해 보인다.

미중 무역 분쟁의 주요 인물인 엔비디아의 젠슨황 CEO 행보도 눈여겨보아야 한다. 젠슨황 CEO는 지난 트럼프 대통령 취임식에 불참한 채 중국행 비행기에 몸을 실었다. 물론 세계 최대 반도체 시장인 중국을 의식한 외교적 메시지로 해석할 수도 있지만, 필자는 그 이면에는 트럼프 대통령과의 불편한 관계가 자리 잡고 있다고 생각한다. 실제 젠슨황 CEO는 트럼프 대통령의 일부 정책을 두고 "감옥에서 20~30년은 썩어야 할 것"이라고 공개 비난한 적이 있다. 그런 그를 상대로 트럼프 대통령이 재집권에 성공한 터라 양측의 관계는 녹록치 않아 보인다. 엔비디아가 미중 무역 전쟁이 격화할 때마다 트럼프 대통령의 발목을 잡는 복병으로 등장할 가능성이 높은 이유다.

거시적으로는 중국발 금융 리스크도 트럼프 대통령에게 부담이 될 전망이다. 위안화 국제화로 무장한 중국이 이미 달러 체제의 아킬레스건을 겨누고 있기 때문이다. 중국 정부는 자국 기업의 위안화 사용 비중 확대를 독려하는 한편, 자국이 보유한 어마어마한 규모의 미국 국채를 무기 삼아 달러 약세를 유도하고 있다. 나아가 중국은 러시아와 한 목소리로 달러 패권에 정면 도전하는 암호화폐 기반 새 국제 결제 시스템 구축을 천명한 상태다. 트럼프 대통령이 이에 맞서 SWIFT에서 이탈하려는 브릭스 국가들에 최고 100%의 강력한 관세를 들이댄 것은 단순한 보복이 아니다. 현 달러 중심 질서를 고수하겠다는 그의 강한 의지로 읽힌다.

이런 복잡한 정세 속에서 새로운 화폐와 에너지 질서의 태동은 트럼프 대통령에게 또 다른 도전이 될 것으로 보인다. 이미 세계 각국의 중앙은행은 자국 외환보유액에서 달러 비중을 꾸준히 축소하고 있다. 지난해 브릭스 국가들의 달러 비중은 58%까지 하락한 것으로 알려졌다. 반면 디지털 위안화를 앞세운 중국의 '오일 위안화' 전략이 탄력을 받고 있다. 트럼프 대통령이 강조하는 비트코인의 역할이 무엇이 될지에 대해서도 관심이 쏠린다. 그는 암호화폐를 통해 미국 정부 부채 축소와 달러 권위 회복이라는 두 마리 토끼를 모두 잡을 수 있을 것으로 기대하는 눈치다.

'피크 오일'을 넘어선 시대, 석유는 더 이상 달러의 버팀목이 되기 어려워졌다. 그 자리는 전기차로 대변되는 친환경 모빌리티로 넘어가고 있다. CBDC를 비롯한 각국의 디지털 화폐 전쟁도 격화되고 있다. 이 역시 트럼프 대통령에게는 기회인 동시에 위기다. 어떤 선택을 하든 그의 어깨가 무겁게 느껴질 수밖에 없다.

결국 트럼프 대통령 앞에 놓인 과제는 하나로 집약된다. 급변하는 세계 질서 속에서 자국 이익을 어떻게 관철할 것인가? 만만치 않은 상대들과 협상 테이블에 마주 앉아야 하는 상황에서 트럼프식 닥치고 한방은 얼마나 유효할까? 머스크 CEO와의 관계, 중국발 리스크, 에너지-화폐 전환 등 난제들이 한데 얽힌 복잡한 방정식의 실마리를 풀어야 하는 막중한 임무가 그를 기다리고 있다.

트럼프 관세 폭격이
한국에 미치는 영향

트럼프 행정부의 무역 정책이 본격화되면서 한국도 직간접적인 영향권에 들 것으로 보인다. 트럼프 대통령은 최근 들어 한국과 일본마저 미국을 이용하고 있다며 상호 관세 부과를 예고했다. 4월부터 발효될 예정인 이 조치에 따라 한국 경제는 상당한 타격을 받을 것으로 우려된다. 다만 트럼프 대통령은 관세 인하나 무역 장벽 해소 등을 전제로 미국도 관세를 낮출 용의가 있다며 협상의 여지를 남겨두고 있다. 전형적인 트럼프식 딜의 전략이라고 할 수 있다.

문제는 한국 정부가 이런 미국의 공세에 선제적이고 능동적으로 대응하기 어려운 처지라는 데 있다. 현재 한국은 대통령 권한대행 체제하에 정치적 리더십의 공백 상태에 놓여 있기 때문이다. 이런 점을 미국이 모를 리 없다. 반면 일본은 이런 한국의 상황을 적극 활용해 무역 협상에서 유리한 고지를 점하려 할 것으로 예상된다.

그렇다고 한국이 손 놓고 있을 수만은 없는 일이다. 오히려 정치적 공백기라는 점을 적극 활용해 미국의 무리한 요구를 뿌리치는 지혜가 필요하다. 예컨대 차기 정부 구성 시까지는 권한대행 체제의 한계로 주요 결정이 어렵다는 점을 피력하는 것이다.

실제로 트럼프 대통령의 협상 전략을 살펴보면, 약자에 대해서는 여론의 반발을 의식해 지나치게 강하게 밀어붙이지 않는 경향이 있다. 1기 행정부 시절 북한의 김정은 위원장을 대하는 태도가 대표적이다. 미국 우선주의를 내세우는 트럼프 대통령이지만 대화 국면에서 북한에 어느 정도 대화의 여지를 주며 압박 공세를 이어갔다.

결국 한국 정부로서는 권한대행 체제의 한계를 역이용해 당분간 미국과의 무역 협상에서 버텨야 할 처지다. 그러면서도 뒷배를 챙기는 묘수도 병행해야 한다. 삼성전자와 현대자동차 등 국내 대기업들의 對美 투자를 적극 독려하는 것이 대표적이다. 트럼프 대통령이 강조하는 '미국 내 일자리 창출'에 가시적으로 기여한다는 점을 부각시킬 필요가 있는 것이다.

하지만 장기적으로 이는 양날의 검이 될 수 있다는 점에 유의해야 한다. 결과적으로 한국 대기업들의 미국 이전이 가속되면서 국내 경제의 허리가 더욱 약해질 수 있기 때문이다. 실제로 삼성전자의 반도체 공장이나 현대차의 완성차 공장이 미국으로 속속 이전하는 모양새다. 향후 이들 기업의 핵심 기능이 미국에 둥지를 틀 가능성을 배제할 수 없는 상황이다.

차기 정부의 과제는 여기에 있다. 수출 중심의 경제 체질을 근본적으로 바꾸는 것은 불가능하더라도, 최소한 국익 차원의 종합적인 통상 전략은 마련해야 한다. 동시에 외교적 노력을 통해 최악의 상황은 모면하는 지혜도 발휘해야 한다. 물론 쉽지 않은 과제다. 그러나 정치적 리더십의 공백을 메우고 범국가적 역량을 결집하는 계기로 삼을 수 있다면, 오히려 위기를 기회로 바꿀 수 있을지도 모른다.

한편 국내외 경제 환경의 불확실성이 어느 때보다 높아지면서 한국 경제는 스태그플레이션의 늪에 빠져들고 있다. 통계청의 발표에 따르면 국내 물가 상승률은 계속해서 고공행진 중이다. 2025년 1월 소비자물가 지수는 지난달 전년 동월 대비 4%나 뛰었다. 식료품과 개인 서비스 물가 오름세가 매섭다. 당분간 상승 추세가 이어질 것이라는 전망이 우세하다.

반면 국내 경기는 좀처럼 살아날 기미를 보이지 않고 있다. 수출과 내수 경기 모두 부진의 늪에서 벗어나지 못하고 있다. 특히 대중국 수출이 크게 감소하면서 무역수지 적자 폭이 사상 최대 수준으로 확대됐다. 미중 무역 분쟁의 장기화, 반도체 경기의 둔화 등이 직격탄이 되고 있다. 여기에 트럼프 행정부의 약달러 정책으로 원화 가치가 떨어지면서 한국 기업들의 가격 경쟁력마저 나빠지고 있다.

이런 모순 속에 한국은행은 곤혹스러운 처지에 놓여 있다. 물가를 잡기 위해서는 금리를 올려야 하지만, 경기 침체가 가속화되기 전에 금리를 내려야 하는 상황이다. 일각에서는 금리를 오히려 인상해야 한다는 주장도 제기된다.

그렇다고 가만히 있을 수만은 없는 일이다. 빠른 속도로 약해지는 경제를 방치할 경우 상황은 더욱 악화일로를 걷게 될 것이 자명하기 때문이다. 한국은행이 선택할 수 있는 카드는 많지 않아 보인다. 사실 완화적 통화정책 기조를 유지하는 것 외에는 달리 뾰족한 수가 없어 보인다. 인위적 통화 팽창이 부작용을 낳을 수 있다는 점을 알면서도 한국은행은 '돈줄'을 풀 수밖에 없는 처지인 셈이다.

문제는 이런 처방이 근본적인 해법이 될 수 없다는 데 있다. 이는 어디까지나 시간을 벌기 위한 임시방편에 불과하다. 경기가 일시적으로 진정 국면을 보인다 하더라도 환율이나 물가 등 거시지표의 불안정성이 높아지면서 역풍을 맞게 될 게 뻔하다. 자칫 자산시장의 거품을 키우는 부메랑이 될 수도 있다. 그렇다고 정부가 지금 당장 긴축 기조로 선회하기는 어려운 상황이다. 이는 고스란히 서민 경제의 타격으로 이어질 수밖에 없기 때문이다.

궁극적으로는 구조적 처방이 필요하다는 지적이 설득력을 얻고 있다. 대표적인 것이 이른바 '리디노미네이션'이다. 화폐 단위를 조정해 명목 액면가를 낮추는 조치를 말한다. 가령 지금의 1만원권을 100원권으로 바꾸는 식이다. 겉보기에는 가격이 100분의 1로 떨어지는 격이지만, 실제 구매력 면에서는 아무런 변화가 없다.

이렇게 되면 적어도 체감 인플레이션은 낮출 수 있다. 화폐가치가 높아 상대적 박탈감을 느끼던 서민들의 불만도 어느 정도 해소할 수 있다. 물론 섣불리 단행했다가는 인플레이션에 대한 기대심리를 자극해 물가를 더 끌어올릴 수 있다. 화폐에 대한 신뢰성이 훼손될 수 있다는 점에서 신중할 필요가 있다. 아울러 이미 오른 자산가격을 인위적으로 억누를 경우 시장 혼란이 가중될 수 있다. 장기적인 관점에서 점진적으로 접근할 일이다.

미래 화폐 체계를 근본적으로 바꿀 또 다른 화두는 중앙은행 디지털화폐**CBDC**의 도입이다. CBDC는 기존 신용화폐 시스템의 한계를 뛰어넘어 화폐 유통을 효율화하고 정책 실효성을 높일 수 있다는 점에서 주목받고 있다. 중국을 필두로 세계 각국은 이미 CBDC 개발에 박차를 가하고 있다. 특히 중국은 디지털 위안화를 앞세워 달러 패권에 도전장을 내민 상태다. 장기적으로는 위안화 블록의 형성을 통해 동아시아에서의 영향력을 확대하려는 전략으로 읽힌다.

이에 맞서 미국은 일본과의 공조를 강화하며 디지털 달러 구상을 본격화하고 있다. 디지털 엔화 발행에 속도를 내는 일본의 행보 역시 중국을 의식한 것으로 해석된다. 전통적인 금융 강국이 힘을 합쳐 중국 견제에 나선 셈이다. 표면적으로는 글로벌 디지털 화폐 질서를 선도하겠다는 명분을 내세우고 있지만, 이면에는 중국 때리기가 깔려 있다는 분석이 지배적이다.

한국 정부와 한국은행 역시 이런 흐름에서 자유로울 수 없다. 한국은행은 이미 CBDC의 기술적·법적 기반을 마련하고 관련 실험에 돌입한 상태다. 다만 아직은 초기 단계여서 실제 발행까지는 상당한 시일이 걸릴 전망이다. 따라서 현재의 정국 혼란 속에서 이를 빠르게 매듭 지을 수 있을지는 미지수다. 급변하는 정세에 신속하게 대처할 능력이 그 어느 때보다 절실한 시점이다.

한국은 지금 거대한 변화의 소용돌이에 휩싸여 있다. 정치는 혼돈 그 자체고, 경제는 침체와 인플레이션의 이중고에 시달리고 있다. 국제 정세 역시 불확실성이 크다. 글로벌 차원의 세력 재편이 가속화하면서 각국은 자국 우선주의로 급속히 회귀하는 모습이다. 패권을 둘러싼 강대국들의 각축전은 더욱 치열해지고 있다.

이런 상황에서 한국 경제가 활로를 찾기란 어려울 수 있다. 수출의존도가 높은 경제 구조상 보호무역주의 확산에 따른 직격탄을 피하기 어렵기 때문이다. 여기에 미중 패권 경쟁, 글로벌 공급망 재편 등 구조적 리스크까지 겹치면서 불확실성은 더욱 커지고 있다.

문제는 이런 상황을 돌파할 만한 정치적 리더십과 사회적 합의가 좀처럼 마련되지 않고 있다는 데 있다. 정쟁의 소용돌이 속에서 국가 비전은 실종된 지 오래다. '위기'와 '기회'를 함께 품고 있는 대전환기임에도, 이를 극복할 묘수는 보이지 않는다.

시대정신을 외면한 채 과거에 안주하는 우를 범해서도 곤란하다. 국익에 부합하는 전략적 사고, 과감한 구조개혁, 전방위 제도 혁신 등이 절실한 시점이다.

이러한 상황에서
어떤 투자법을 선택해야 하는가

급변하는 국제 정세 속에서 개인 투자자들이 어떤 전략을 세워야 할까? 무엇보다 화폐가치 하락에 대비해 실물자산으로의 전환이 필요해 보인다. 최근 필자는 지인들에게 서울 수도권 아파트 매수를 적극 권유한 바 있다. 현재 가용 자금이 아파트 매매가와 전세가의 차액, 이른바 '갭'을 충당할 수 있다면 주저 없이 매수에 나설 것을 강조했다. 당장 내 집 마련의 개념이 아니더라도 우량 자산에 돈을 묻어두는 관점이 필요하다는 이야기다.

현재 나이나 재무 상황 등에 따라 조금씩 다른 조언을 하긴 했지만, 기본 방향성은 명확했다. 무주택자나 1주택자의 경우, '매전갭' 금액만큼의 여유 자금만 있다면 서울 핵심 지역 아파트에 자산을 파킹하라는 것이다. 앞으로도 화폐가치 하락 추세가 이어질 가능성이 크기 때문이다. 상황이 이렇다 보니 복잡한 분석보다는 '정답'에 집중하는 자세가 중요하다. 그 정답의 열쇠는 다름 아닌 서울 아파트라는 게 필자의 진단이다.

하지만 이미 여러 채의 아파트를 보유한 다주택자라면 상황이 조금 다르다. 이들은 미국 부동산 시장에 눈을 돌릴 것을 권한다. 미국에 투자한다는 것은 곧 달러를 사겠다는 이야기다. 따라서 환율에 대한 이해도 동반되어야 한다. 필자 나름의 기준을 제시하면 이렇다.

우선 1억 원 정도의 시드머니를 마련한다. 물론 투자 규모의 크고 작음은 상대적이다. 소액투자로는 인생을 바꿀 만한 결과를 기대하긴 어렵다. 다만 이를 통해 투자 감각을 익히고 세상을 보는 눈을 키울 수 있다. 무엇보다 돈을 잃지 않는 원칙을 세울 수 있다는 점에서 의미가 크다.

달러 원화 환율이 1,450원 아래로 내려가면 달러를 매수하고 있다. 매수 기준은 10원 단위다. 구체적으로 환율이 1,440원, 1,430원, 1,420원, 1,410원일 때마다 각각 2천만 원어치씩 달러를 사들이는 식이다. 1,450원은 한국은행이 사수하려 할 중요한 심리적 저지선이다.

미중 무역 전쟁이 격화하고 한국의 정치적 불확실성이 커지면서 환율은 어느 순간 1,450원을 뚫고 1,500원을 향해 치솟을 가능성이 크다. 환율이 1,450원을 넘어서면 한국은행이 방어할 저지선은 1,500원이 될 것이다. 환율 상승 속도를 늦추는 세동 조치가 이뤄지겠지만, 1,500원이 또 다른 저항선으로 작용할 것이란 얘기다. 따라서 이때부턴 매도 전략으로 전환해야 한다.

매수 때와 마찬가지로 10원 단위 '물타기'를 하되 이번엔 반대로 달러를 팔고 원화를 사들이는 식이다. 1,460원, 1,470원, 1,480원, 1,490원에서 2만 달러씩 달러를 매각한다. 이렇게 하면 자연스럽게 환차익을 거둘 수 있다. 8천만 원 정도를 투자했다면 300만 원 안팎의 차익을 기대할 수 있는 셈이다. 액수가 그리 크지는 않지만 투자 기간이 짧고 이런 거래를 반복하면 시드머니는 눈덩이처럼 불어날 수 있다.

환차익의 묘미는 따로 있다. 이렇게 번 돈은 달러 표기 자산에 별도로 파킹해두는 재미가 쏠쏠하다. 일종의 역외 투자 개념이다. 꾸준히 실행하면 상당한 달러 자산을 보유하게 되는 효과를 거둘 수 있다. 물론 한국의 외환 시장이 안정적일 때의 가능한 시나리오다. 필자는 2024년 하반기부터 이런 식의 투자를 소액으로 실행해 오고 있다. 국내 부동산에 쏠려 있는 자산을 분산하고, 향후 닥칠지 모를 악재에 대비하는 차원이다.

에필로그

항상 환율에 기인한 자산 가격 상승을 모니터링하고 있지만 그 버블에 몸을 싣고 싶지는 않다. 보통 몇 차례의 파고가 지나가면 대부분 사람은 현재 환율이 대체 어떤 상황인지 알 수 없게 된다. 지금도 마찬가지다. 2025년 2월 중순 기준 1,400원대의 환율이 뉴노멀New Normal일지 아닐지에 관해 여러 의견이 분분하다.

이런 상황이 여러 해에 걸쳐 반복되는 경험이 쌓이면 뚜렷한 자기만의 투자 기준이 없는 개인은 뭐가 뭔지 도무지 알 수 없게 된다. 그래서 언론이 떠들어대는 말에 공포를 느껴 성급하게 매도했다 그 후로도 계속 오르는 자산 가격을 보고 후회하고, 어렵게 긍정적 마인드를 탑재한 후 용기를 내어 매수했는데 이번에는 자산 가격이 계속 떨어지는 경험을 하고 나면 결국 투자는 할 짓이 아니라고 몸서

리치며 투자를 외면하게 된다.

누군가 필자에게 지금이 부동산을 매수하기 좋은 타이밍이냐고 묻는다면 필자는 "본인은 이미 다주택자고 2017년 이후 매수를 멈췄으며 지금은 정부 정책에 순응하며 기존 주택 관리에 집중하고 있다"라고 답하고 있다. 즉 부동산이 오르든 내리든 별문제 없도록 세팅해 두었다.

하지만 무주택자라면 자산 가격 상승기에, 그것이 버블이라 하더라도 편승하지 못했다면 그 상실감은 심대할 듯하다. 이런 심리로 인해 2021년에는 영끌러가 특히 많았다. 뭐가 뭔지 모르는 상태에서 주변 사람 대부분이 부동산을 매수하니 따라서 뇌동매매를 한 경우가 다수다.

문제는 최악의 경우, 특히 금리 상승으로 인한 스트레스 테스트를 전혀 시뮬레이션하지 않고 덤벼들었다는 것이다. 영끌러 중에서도 지금의 고금리 상황을 버텨낸다면 쌓이는 경험치를 바탕으로 향후 좋은 투자를 할 가능성이 높아지지만 그렇지 못한 사람이 겪을 일을 상상하면 눈앞이 아찔해진다.

그리고 정부 규제를 바라보는 관점 또한 투자에서 중요한 포인트가 된다. 필자의 경우 넌센스적인 규제라 하더라도 규제 비바람을 굳이 온몸으로 맞으며 홀로 호연지기할 이유가 없다고 생각한다. 옳고 그름을 떠나 큰 흐름에 순순히 묻어가는 것도 투자자가 가져야 할 미덕이 아닌가 싶다.

그동안 여러 다양한 부동산 규제 정책이 나왔다. 그런데도 유동성이 확대되는 국면에서는 상승 에너지가 식지 않았고 서울 핵심지 내 신축과 기축은 모두 전고점을 회복했거나 최고가를 경신했다.

금리 또한 장담은 금물이지만 필자는 한국 기준금리가 이후 글로벌 경제 상황 및 무역수지 적자가 아무리 지속되더라도 최대한 올라갈 수 있는 천정으로 5% 정도를 보고 있다.

금리 인상 근거로는 앞에서 이미 언급했듯 첫 번째 관점으로는 향후 한국에 있을 최대 이벤트인 통일을 생각해봤다. 독일 통일 과정에서의 금리를 참고한 수치인데 독일은 통일 후 4~5% 정도 기준금리가 올랐다. 이를 한국 금리에 대입해보면 현재 한국 금리 3%대 기준으로 최대 7% 정도 오를 수 있을 듯하다.

하지만 필자는 두 번째 관점이 더욱더 현실성이 높다고 보고 있다. 그 두 번째 관점은 한국 기준금리와 미국 기준금리의 차이를 짚어보는 것이다. 자본 유출(달러 유출)이 되지 않을 정도의 한·미간 금리 격차가 있어야 한다는 접근이다.

해서 미국과 한국의 금리 차이를 2% 정도(기본적으로 한국 금리는 미국 금리에 비해 2% 정도 높았음)라고 기준을 잡고 미국 기준금리 및 환율을 모니터링하고 있다. 2024년 말 미국 금리가 4.75%이고 한국 금리가 1.5% 낮은 3.25%로 금리 역전이 지속되고 있다. 한국 원화가 엔화 등과 마찬가지로 달러화 강세 지지를 하고 있다고 본다. 이를 정상화해서 한국 기준금리를 올리더라도 필자는 최대 7% 정도라고 보고 있다.

　투자에서 환율과 금리, 정부 정책을 확인했다면 다음은 공급과 수요 및 경제 주체들의 심리를 파악해야 한다.

　투자자가 많이 들어간 지역들은 위기에 취약하다. 필자가 투자한 물건 중 지방 한 건과 서울 한 건에는 투자가 지나치게 몰려 지방은 매수 후 3년이 지나서야 가격이 두 배로 올랐고 서울은 매수 후 2년 쯤에야 호가 몇억 원이 더 올랐다. 하지만 급격한 금리 인상과 지방의 경우 물량 때문에 역전세 및 가격 하락이 진행되고 있다.

　현 시점에서 가장 주요하게 보는 부동산 바닥 시그널은 전세 가격 추이다. 금리 인상기에 부동산 소비 심리(수요)가 얼어붙었음은 틀림없는 사실이다. 그렇다면 전반적으로 주택담보대출이든 전세자금대출이든 본인이 필요할 때 대출이 불가능할 가능성이 높아진다. 특히 전세입자의 경우 불확실성을 확실히 제거하는 방법은 조금 더 저렴한 전셋집으로의 이전이다. 이런 이유들로 역전세가 광범위하게 나타났다.

　2022년부터 시작된 한국의 기준금리 인상은 2024년까지 고금리 상황으로 이어져 왔다. 이런 경제 환경 속에서 전세입자들이 어떻게 움직이고 주택 매수자들이 어찌 행동하며 그리고 자기가 어떤 활동을 해야 하는지 생각해보면 답이 나온다.

　그래서 필자는 늘 부동산 소비자 심리가 어떻게 변해갈지 모니터링하고 있다. 디테일한 변화 시점은 여러 요인이 언제쯤 임계점에 도달하고 이에 따른 부동산 소비 심리가 어떻게 변해갈지를 봐야 알 수 있다. 가장 강력한 변곡점이 될 요인은 미국의 양적 긴축(금리 인상) 속도 조절과 기준금리 인하 시점이다.

미국의 금리 인상 한 가지 요인만으로 판단하는 것은 아니다. 한국 부동산 시장은 2021년 하반기부터는 대출(주택, 전세)에 기인한 상승이 크다. 대출 규제와 한국 금리 인상이 콜라보된 시점인 2022년부터 서울 내 핵심 지역의 전세 가격 하락 및 거래 급감이 나타났고 이때부터 부동산 소비 심리는 급격히 무너졌다.

이런 상황에서 꼭 매도를 해야 하는 케이스들이 나타나면서 실거래 가격은 다소 조정을 받았다. 사실 매도를 투자자별 필요에 의한 자산 재조정의 관점에서 본다면 자로 잰 듯한 시점에서 역대 최대의 수익을 남겨서 팔아야 하는 위험이 높은 행위와는 거리가 멀어야 한다. 하지만 투자 마인드가 약한 사람들이 현금 경색을 맞이하면 스트레스에서 벗어나고자 하는 경향이 강해지고 결과적으로 급매가 나오게 된다.

필자의 전략을 살짝 공개하자면 이른바 물타기와 비슷하다. 필자는 다주택자이기 때문에 어느 정도의 부동산만 남기고 매도를 계속했었다. 2021~2022년에 걸쳐 매도했는데 최고점 매도가 아니라 물타기 매도를 하며 현금 보유를 급격하게 늘렸다. 늦어도 2024년 상반기에는 '하우스 푸어' '역전세' '현금이 최고!'라는 소리가 메아리치지 않을까 싶어 대비를 한 것이다. 이런 최악의 경우 없이 다시 부동산 시장이 반등한다면 필자가 보유한 현금은 훌륭한 투자자금으로써의 역할을 톡톡히 할 것이다.

이에 더해 필자는 주택 통계(주로 미분양, 착공, 준공 실적 등)를 지속적으로 모니터링할 생각이다. 월별 부동산 동향 및 전망을 포함해서 미분양이 늘어나는 시점과 착공 및 준공이 늘어나는 시점을 살필 것이다. 이런 실물 주택 지표의 숫자와 금리, 대출, 환율을 버무려 현재 자산 가격이 어느 시점에 있는지를 지속적으로 짚을 것이다.

정리하자면, 2021년까지는 자산 가격 상승이 가능했지만 2022년 이후 본격화된 양적 긴축 환경에서 한국 주식과 부동산 가격 등이 얼마만큼의 상승분을 반납할지가 주요 관심사였다. 이런 가운데 부동산은 물타기 매도를 일부 했고 일부는 계속 보유하고 있다. 다분히 다주택자의 입장에서 내린 결정이었다. 세금을 줄이고 다량의 현금을 보유할 목적으로 부동산을 매도했고 이는 자산 가격 하락기에 새로운 기회를 잡으려는 목적이 컸다.

2024년부턴 미국의 양적 긴축 속도 조절과 금리 인하 시그널로 다시 부동산 소비 심리가 요동치고 있는데 전세 가격의 상승이 또 다른 매매 가격 상승의 트리거가 되고 있다.

1주택자 혹은 2주택자라면 굳이 급하게 움직일 필요는 없다. 많은 세금을 치르고 상급지로 갈아타기 등을 하더라도 이후 또 다시 가격 상승이 있기까지는 시간이 지나야 한다. 현재 이미 보유하고 있는 부동산은 향후 혹시 하락기에 상승분을 반납하더라도 문제가 되지 않을 가격대에 매수했을 확률이 높다. 하지만 무주택자는 다르다. 리스크를 무릅쓰고 움직여야 할 시기가 다가오고 있다.

필자는 무주택자든 다주택자든 매수자 입장에서 적절한 타이밍을 지속적으로 짚어갈 것이다. 매도는 각자 판단 하에 주관적으로 진행할 것을 추천한다. 매도 후에는 언제나 일말의 후회가 있을 수밖에 없으니 본인의 판단으로 결단해야 그나마 후회가 적다.

필자가 예상하기에 2024년 하반기 미국 기준금리 인하가 실행된 후 한국은행의 베이비컷 기준금리 인하가 시작되는 시점이 새로운 투자 타이밍이 되지 않을까 싶다. 한국은 2024년 베이비컷, 2025년 상반기 쯤 본격적인 금리 인하를 하리라고 보는데 그렇다면 무주택자들은 이러한 현상이 발생하기 전에 움직여야 한다. 따라서 2024년 하반기부터 경매 물건부터 급매까지 모니터링하고 좋은 물건을 찾아 빠르게 낚아채야 한다.

진중하게 움직이되 끊임없이 경제 환경에 대한 감을 유지하려 노력하고 현금 보유와 현금 흐름 확대 및 쓸데없는 지출 제거에 당분간 관심과 노력을 쏟아붓길 추천한다. 그리고 그 과정을 같은 생각과 목표를 가진 사람들과 함께할 수 있도록 좋은 커뮤니티 활동을 하는 것도 권한다. 네이버 프리미엄 콘텐츠 '피어슨의 깊이 있는 경제' 채널에서 여러 시의성 있는 코멘트뿐 아니라 커뮤니티 활동도 계획 중이니 참고하길 바란다.

　즐겁고 튼튼하게 목표를 향해 나아가길 그리고 이 책을 읽은 뒤 바로 행동으로 옮기는 시간을 가지길 기원하겠다.

이기는 투자자의 생각법

초판 1쇄 발행 2025년 3월 19일

지은이 피어슨(김재욱)
브랜드 경이로움
출판 총괄 안대현
책임편집 이제호
편집 김효주, 심보경, 정은솔, 전다은
마케팅 김윤성
표지 및 본문디자인 유어텍스트

발행인 김의현
발행처 (주)사이다경제
출판등록 제2021-000224호(2021년 7월 8일)
주소 서울특별시 강남구 테헤란로33길 13-3, 7층(역삼동)
홈페이지 cidermics.com
이메일 gyeongiloumbooks@gmail.com (출간 문의)
전화 02-2088-1804 **팩스** 02-2088-5813
종이 다올페이퍼 **인쇄** 재영피앤비
ISBN 979-11-94508-14-4 (03320)